本書為武漢大學自主科研項目（人文社會科學）“新出里耶秦簡文本復原”研究成果，得到“中央高校基本科研業務費專項資金”資助（Supported by “the Fundamental Research Funds for the Central Universities”）

本書出版得到國家社科基金重大項目“湖北出土未刊布楚簡（五種）集成研究”（10&ZD089）、青年項目“戰國秦漢簡帛所見《國語》類文獻整理與研究（12CZS008）”、一般項目“已刊里耶秦簡文本再整理與分類研究（19BZS015）”的資助

武漢大學簡帛叢書

新出秦漢簡帛叢考

何有祖　著

科学出版社
北　京

内 容 簡 介

過去二三十年，大量反映中國秦漢時期社會制度、文化的珍貴簡帛文獻的出土與及時公佈，極大充實了秦漢史、文獻研究的資料庫。這些新材料在早期解讀中由於缺乏足夠的文獻、文例參考，在文字釋讀、簡冊綴合、歷史內涵發掘等方面存在頗多可改進之處，影響學界對其文本內在信息的充分利用。本書收集了作者十多年來在秦漢簡帛文本解讀方面的多篇文章，以文字考釋、簡牘綴合為主，利用比較研究方法和多重證據法，廣泛採用考古資料、傳世文獻，堅持實證原則，細緻辨析文字，考證詞例、文例，探討文本內在資訊，為後續更深入研究提供了學術基礎。

本書適合漢語言文字學、歷史文獻學、中國古代史、考古學等相關方向的研究者閱讀和參考。

圖書在版編目（CIP）數據

新出秦漢簡帛叢考 / 何有祖著. —北京：科學出版社，2021.9
（武漢大學簡帛叢書）
ISBN 978-7-03-069777-6

Ⅰ. ①新…　Ⅱ. ①何…　Ⅲ. ①簡（考古）-研究-中國-秦漢時代②帛書-研究-中國-秦漢時代　Ⅳ. ①K877.54

中國版本圖書館CIP數據核字（2021）第186494號

責任編輯：王光明　郝莎莎 / 責任校對：鄒慧卿
責任印制：李　彤 / 封面設計：張　放

科學出版社 出版
北京东黄城根北街 16 号
邮政编码：100717
http://www.sciencep.com
北京捷迅佳彩印刷有限公司 印刷
科學出版社發行　各地新華書店經銷
*
2021年9月第　一　版　開本：787 × 1092　1/16
2022年5月第二次印刷　印張：11 1/4
字數：270 000

定價：128.00圓
（如有印裝質量問題，我社負責調換）

前　　言

過去二三十年大量秦漢簡牘帛書資料被發掘出土，如湖北地區出土的江陵M247漢簡[①]、隨州孔家坡漢簡[②]、荊州高臺M46漢牘[③]，湖南出土的益陽兔子山秦牘[④]、長沙尚德街東漢簡牘[⑤]，甘肅地區出土的肩水金關漢簡以及新做整理的居延漢簡[⑥]，廣州南越國宮署出土西漢墓簡[⑦]、安徽天長紀莊出土的漢牘[⑧]，以及岳麓書院收藏的秦簡[⑨]、北

---

① 張家山二四七號墓竹簡整理小組：《張家山漢墓竹簡［二四七號墓］》，文物出版社，2001年。

② 湖北省文物考古研究所，隨州市考古隊編著：《隨州孔家坡漢墓簡牘》，文物出版社，2006年。

③ 荊州博物館：《荊州高臺墓地M46發掘簡報》，《江漢考古》2014年第5期。

④ 湖南省文物考古研究所、益陽市文物管理處：《湖南益陽兔子山遺址九號井發掘報告》，載《湖南考古輯刊》第12輯，科學出版社，2016年；湖南省文物考古研究所、益陽市文物管理處：《湖南益陽兔子山遺址九號井發掘簡報》，《文物》2016 年第5 期。

⑤ 長沙市文物考古研究所編：《長沙尚德街東漢簡牘》，嶽麓書社，2016年。

⑥ 甘肅簡牘保護研究中心等編：《肩水金關漢簡（壹）》，中西書局，2011年；甘肅簡牘保護研究中心等編：《肩水金關漢簡（貳）》，中西書局，2012年；甘肅簡牘博物館等編：《肩水金關漢簡（叁）》，中西書局，2013年；甘肅簡牘博物館等編：《肩水金關漢簡（肆）》，中西書局，2015年；甘肅簡牘博物館等編：《肩水金關漢簡（伍）》，中西書局，2016年；簡牘整理小組編：《居延漢簡（壹）》，"中央"研究院歷史語言研究所，2014年；簡牘整理小組編：《居延漢簡（貳）》，"中研院"歷史語言研究所，2015年；簡牘整理小組編：《居延漢簡（叁）》，"中央"研究院歷史語言研究所，2016年。

⑦ 廣州市文物考古研究所、中國社會科學院考古研究所、南越王宮博物館籌建處：《廣州市南越國宮署遺址西漢木簡發掘簡報》，《考古》2006年第3期。

⑧ 天長市文物管理所、天長市博物館：《安徽天長西漢墓發掘簡報》，《文物》2006年第11期。

⑨ 陳松長：《嶽麓書院所藏秦簡綜述》，《文物》2009年第3期；朱漢民、陳松長主編：《嶽麓書院藏秦簡（壹）》，上海辭書出版社，2010年；朱漢民、陳松長主編：《嶽麓書院藏秦簡（貳）》，上海辭書出版社，2011年；朱漢民、陳松長主編：《嶽麓書院藏秦簡（叁）》，上海辭書出版社，2013年；陳松長主編：《嶽麓書院藏秦簡（肆）》，上海辭書出版社，2015年；陳松長主編：《嶽麓書院藏秦簡（伍）》，上海辭書出版社，2017年；陳松長主編：《嶽麓書院藏秦簡（陸）》，上海辭書出版社，2020年。

京大學收藏的秦漢簡[①]，等等，内容豐富，其文本得到不同角度、不同層次的解讀，其價值在新的研究中不斷被發現。能恰逢其會，或多或少參與對這些珍貴資料文本的討論，確爲人生幸事！

小書所收錄的係我从2004年至今所發表的討論秦漢簡帛文本内涵的部分文章，涉及網文38篇，期刊、集刊及會議論文21篇。爲便於閱讀，小書所收文章按材料的出土地區分類，無出土信息的按收藏整理單位分類。並按考釋成果的数量斟酌章节，如湖北地區其中湖北地區出土漢簡種類多，相應的考釋文章數量也多，分上、下二章，其中關於張家山M247漢簡的討論文章較多，單獨作爲一章，其餘荊州高臺M46西漢牘、雲夢睡虎地M77漢簡、隨州孔家坡漢簡合爲一章。湖南地區、甘肅地區，這些地區出土簡牘不止一種，各爲一章。其他地區如廣州、安徽出土漢簡牘的考釋文章各一種，合爲一章。緊接其後的第六、七章收錄考釋成果分別涉及湖南大學岳麓書院藏秦簡、北京大學藏秦漢簡。以下爲小書的具体章節安排。

第一章分五節，對湖北江陵張家山M247《二年律令》《奏讞書》《蓋廬》《遣策》《引書》《脉書》《算數書》等篇在簡牘綴合、文字考釋方面存在的問題提出了自己的看法。

第二章分三節，對湖北荊州高臺M46西漢木牘、云夢睡虎地77號西漢墓出土簡牘、隨州孔家坡漢墓簡牘進行考釋。

第三章分四節，對湖南出土的兔子山9號井秦牘、馬王堆帛書《春秋事語》、長沙尚德街東漢簡牘進行考釋。

第四章分三節，對甘肅出土《肩水金關漢簡（叁）》《肩水金關漢簡（肆）》《居延漢簡（壹）》部分簡文進行綴合、考釋。

第五章分二節，對廣州南越國宮署遺址西漢木簡、安徽天長紀莊漢牘加以考釋。

第六章分二節，對嶽麓書院藏秦簡《奏讞書》《爲吏治官及黔首》《嶽麓書院藏秦簡（肆）》部分簡文加以考釋。

第七章分三節，對北京大學藏秦簡《泰原有死者》《教女》等篇、傭作文書木牘W-014，以及北京大學藏漢簡《妄稽》部分簡文加以考釋。

---

① 北京大學出土文獻研究所：《北京大學藏秦簡牘概述》，《文物》2012年第6期；朱鳳瀚：《北大藏秦簡〈教女〉初識》，《北京大學學報（哲學社會科學版）》2015年第2期；韓巍：《北大秦簡〈魯久次問數于陳起〉初讀》，《北京大學學報（哲學社會科學版）》2015年第2期；田天：《北大藏秦簡〈醫方雜抄〉初識》，《北京大學學报（哲學社会科學版）》2017年第5期；北京大學出土文獻研究所編：《北京大學藏西漢竹書（壹、叁、伍）》，上海古籍出版社，2015年；北京大學出土文獻研究所編：《北京大學藏西漢竹書（肆）》，上海古籍出版社，2015年；北京大學出土文獻研究所編：《北京大學藏西漢竹書（伍）》，上海古籍出版社，2014年。

需要説明的是，小書所收文章所跨時段頗長，質量參差不齊，有一些内容，現在看來存在明顯錯誤，没有收入；行文中存在的一些引文、用字錯誤，隨文校改，不另出注；有一些内容有明顯不妥但或有部分可取之處，學者們後來續有補正深化的，予以保留，並對新的觀點用“編按”的形式在脚注中予以標注，以便讀者查找。另，小書所刊發文章，曾因適應實體刊物對文章的編輯要求，體例不一，小書大致沿用各自體例，不做統一處理。即便如此，肯定還有很多没有照應到的地方，尚祈諒解，亦請多多批評指正！

目　　錄

第一章　湖北出土漢簡考釋（上）

2001年《張家山漢墓竹簡［二四七號墓］》的出版[1]，爲學界提供了珍貴的研究資料。本章分五節，對湖北省江陵縣（今荊州市荊州區）出土的張家山漢簡《二年律令》《奏讞書》《蓋廬》《遣策》《引書》《脉書》《算數書》等篇，在簡牘綴合、文字考釋方面提出了自己的看法。

第一節　《二年律令》叢考

本節含《二年律令》考釋、綴合意見，共計16條。

1. 公士、公士妻及□□行年七十以上，若年不盈十七歲，有罪當刑者，皆完之。83

竹簡右上斷裂，原整理者仍能據殘餘筆劃辨識全句，當屬不易。最近復查圖版第125頁殘片的時候，發現第12個殘片可與83號簡上部拼合，涉及“公士、公士妻及□□行年七十以上，若年”等字（圖一）。

需要指出的是，及、行兩字之間原釋文認爲有兩字，現在看來實際上只有一字，其左部筆劃略有殘脫，依筆勢可拼合爲：

與《二年律令》“老”字的以下諸形比較：

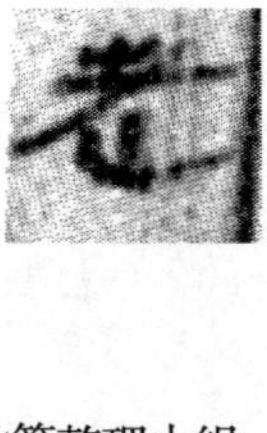
（91號簡）

（122號簡）

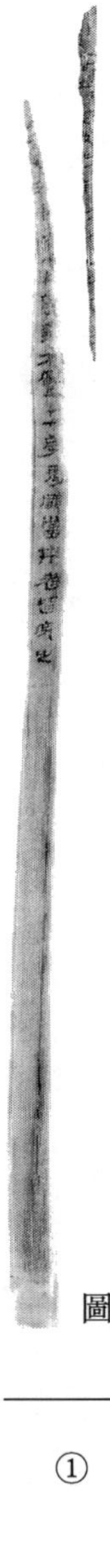
圖一　83+殘片

① 張家山二四七號漢墓竹簡整理小組：《張家山漢墓竹簡［二四七號墓］》，文物出版社，2001年。

是“老”字的可能性很大。而342、343號簡：

> 寡夫、寡婦毋子及同居，若有子，子年未盈十四，及寡子年未盈十八，及夫妻皆瘁（癃）病，及老年七十以上，毋異其子；今毋它子，欲令歸户入養，許之。

其中“及老年七十以上”與簡文在詞例上極爲接近。可見，字當釋作“老”。參考342、343號簡，本簡可以斷讀作：

> 公士、公士妻及老行年七十以上，若年不盈十七歲，有罪當刑者，皆完之。

若，或。“行年”一詞常見，指經歷的年歲或將到的年齡。如郭店簡《窮達以時》：“（呂望）行年七十而屠牛於朝歌。”《國語·晉語》“文公問元帥於趙衰”章：“文公問元帥於趙衰，對曰：‘郤穀可，行年五十矣，守學彌惇。’”《後漢書·朱輝傳》：“行年八十，蒙恩得在機密，當以死報。”簡文“行年七十”指年有七十。秦漢律文對“老”有更細緻的劃分，不同的年齡稱呼不同，相應的權益也不同，主要有免老、睆老等幾種，如：

> 大夫以上年七十，不更七十一，簪裹七十二，上造七十三，公士七十四，公卒、士五（伍）七十五，皆受仗（杖）。355
>
> 大夫以上年五十八，不更六十二，簪裹六十三，上造六十四，公士六十五，公卒以下六十六，皆爲免老。356
>
> 不更年五十八，簪裹五十九，上造六十，公士六十一，公卒、士五（伍）六十二，皆爲睆老。357

老行年七十以上，是“受杖”之齡。

刑，在漢律中包含肉刑及死刑兩大類，都會給受刑者帶來不同程度上肢體方面的損傷。從《具律》看，漢初實行有爵者受刑減輕一等的制度，其中又分兩類，上造（第二等爵）以上爲一類，如82號簡記載：“上造、上造妻以上，及内公孫、外公孫、内公耳玄孫有罪，其當刑及當爲城旦舂，耐以爲鬼薪白粲。”另一類是第一等爵的公士及公士妻，此外還包含年滿七十歲以上，與不滿十七歲之人。

2. 告，告之不審，鞫之不直，故縱弗刑，若論而失之，及守將奴婢而亡之，篡遂縱之，及諸律令中曰同法、同罪，其所$_{107}$

按："及諸律令中曰"後，原簡還有一字，作，應是"與"字，釋文缺漏，應據補。

3. 當完城旦舂、鬼薪白粲以上而亡，以其罪命之；耐隸臣妾罪以下，論令出會之。其以亡爲罪，當完城旦舂、鬼薪白粲以上不得者，亦以其罪$_{123}$

按：釋文"薪"，原簡分別作、，本是"新"字。《二年律令》釋文他處"薪"字如（48號簡）、（108號簡），皆從"艸"。從體例上考慮，此處釋文應作"新（薪）"。

4. ……三十日中能得其半以上，盡除其罪$_{141}$

按：同是，本簡釋文作"三十"，377號簡釋文作"卅"；同是廿，78號簡釋文作"二十"①，79號簡釋文作"廿"。體例前後不一。

學界在整理出土文獻的時候，對這類數值字，有較爲一致的處理辦法：先隸定爲本字，然後在括號中注明數值。如（上博二《容城氏》42號簡），釋文作"丗=（三十）"，又如（郭店簡《唐虞之道》26號簡），釋文作"丗（三十）"；（郭店簡《唐虞之道》25號簡），釋文作"廿（二十）"。

因此，本簡字可釋寫作"丗"或"丗（三十）"，78、79、377號簡諸字采用類似的辦法處理。

5. 官，二千石官上丞相、御史。能産捕群盜一人若斬二人，撵（拜）爵一級。其斬一人若爵過大夫及不當撵（拜）爵者，皆購之如律。所捕、斬雖後會□□$_{148}$

本簡中部有多字殘損，整理者據殘存筆畫書寫釋文。我們發現原圖版第125頁殘片

① 張家山漢簡研讀班認爲"盈二十日"當釋"盈廿日"［張家山漢簡研讀班：《張家山漢簡〈二年律令〉校讀記（上）》，簡帛研究網，2003年4月14日，http://www.jianbo.org/Wssf/2003/zhangjiashan01.htm］。

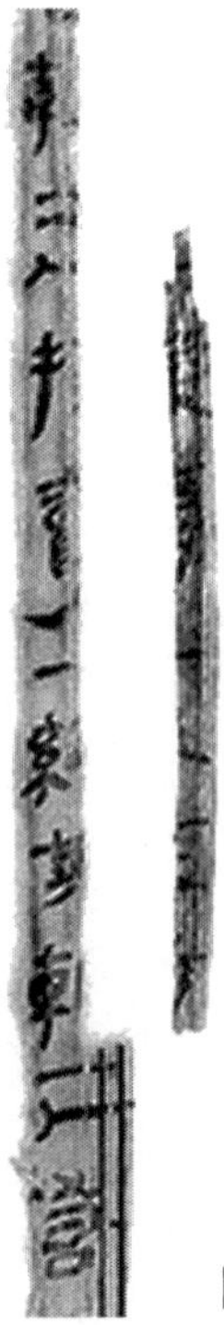

圖二　j148+殘15（綴合部分截圖）

圖三　j148+殘15

15可見“人，捧（拜）爵一級。其斬”七字，涉及148號簡第21～27字。殘片可與148號簡原圖版相應部分拼合（圖二、圖三）。

6. ……及詐僞，皆以取購賞者坐臧（贜）爲盜。155

按：釋文“詐”，原簡作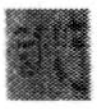。《二年律令》14號簡有此字，釋文作“誁（詐）”，此處釋文也應作“誁（詐）”。

7. 發傳□□□□，度其行不能至者……229

按：釋文“傳”，原簡作。同篇230號簡“傳”字作、，兩相比較，此確爲“傳”字殘文。

“發傳”後第一字，圖版作，與同篇“所”字作（251號簡）、（260號簡）比較，頗疑此字爲“所”字殘文。“發傳所”一詞見於同篇230號簡“非當發傳所也”。

8.郵人行書，一日一夜行二百里。不中程半日，笞五十；過半日至盈一日，笞百；過一日，罰金二兩。郵吏居界過書，273

按：“一日一夜行二百里”後原簡還有一字，作，應是“行”字，原釋文缺漏，今據補，字屬下讀。

9.書以縣次傳，及以郵行，而封毀，□縣□劾印，更封而署其送徼（檄）曰：封毀，更以某縣令若丞印封。275

按：“劾印”前一字圖版作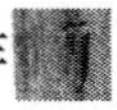，與同篇“輒”字作（211號簡）、（247號簡）相比，頗疑爲“輒”字殘文。

此條簡文大概是說，文書在縣際傳遞，及以郵傳，封印受到損害，鄰縣人一接到文書就要審查並更換封印，且在檄文中說明情況。

10.民宅園户籍、年細籍、田比地籍、田命籍、田租籍，謹副上縣廷，皆以篋若匣匱盛，緘閉，以令若丞。331

按：釋文“命”，圖版作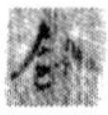，與“命”字差別很大，同篇123號簡“命”字作、153號簡作可證。此應是“合”字。“田合籍”含義待考。

11. 本條討論涉及373、374、381號簡，現將其原釋文抄錄於下：

> ☐及（？）爵，與死事者之爵等，各加其故爵一級，盈大夫者食之。373
> 長爵爲下爵、毋爵□□□□□374
> 後妻毋子男爲後，乃以棄妻[子男]。381

首先從381號簡說起。該簡原圖版右下殘缺，近7個字僅存左半筆畫，整理者據殘筆作“後，乃以棄妻子男”，應當是正確的。不過這7個字並非殘缺了，而是與其他的簡拼接在一起了。這就要需要說到374號簡。原圖版中該簡已經裂開，仔細比對裂開的兩部分，其實有不一緻的地方。上部“長爵爲下爵毋爵”諸字尚完好，接下來右部斷裂的地方有3字可辨識，爲“死事者”，而相對的左部很明顯應該釋爲“棄妻子”。可見，現有組成374號簡的兩部分並非同屬一支簡：左下的筆畫以及空白處應爲一部分，右部的殘片爲另一部分。我們將374號簡左下的筆畫與381號簡殘存碎片比較，發現能够拼合“爲後，乃以棄妻子男”等8字。並且由於381號簡上部存在第一道編繩，而374號簡右下空白還殘留第二、三道編繩，我們有理由認爲381號簡與374號簡拼合所得爲一支比較完整的簡，其釋文可以直接寫作：後妻毋子男爲後，乃以棄妻子男。

對於381號簡的歸屬問題，原整理者並沒有將其直接在380號簡後，而是單列一條，現在看來這種處理是值得商榷的。381號簡下部爲空白，可判斷爲一個編聯組的末簡。分析《置後律》諸簡文意，380號簡提及“棄妻子不得與後妻子爭後”，“後妻”“棄妻”在同時有子男的情況下，“後妻子男”有優先的代户權。而381號簡緊接著便退一步講在後妻沒有子男的情況下，“棄妻子男”才有資格代户。所以我們認爲381號簡應該緊接在380號簡之後，與379、380組合成一個完整的編聯組：

> 死毋子男代户，令父若母，毋父母令寡，毋寡令女，毋女令孫，毋孫令耳孫，毋耳孫令大父母，毋大父母令同產379子代户。同產子代户，必同居數。棄妻子不得與後妻子爭後。380後妻毋子男爲後，乃以棄妻子男。381

剔除374號簡左部之後，所餘下右部尚存13字，可辨識的有“長爵爲下爵、毋爵死事者”10字，剩餘3字不易辨識。不過當我們把374右部與373號簡上部拼合之後，相鄰部分可辨識爲“後及爵”。如此我們便將373號簡復原成一支整簡，釋文改作：

長爵爲下爵、毋爵死事者後，及爵與死事者之爵等，各加其故爵一級，盈大夫者食之。

這條律文大意是，長爵爲下爵、毋爵死事者之後，或者爵位與死事者相等之後，可以在原有爵位的基礎上加一級，如果加一級之後的爵位超過大夫的，就改用食祿來作補償。這條律文對死事者與作爲死者後的受爵者之間的爵位關係作了比較詳細的規定。死事者生前爵位分爲無爵、低於受爵者，以及等於受爵者三種。受爵者作爲死事者後可以加爵一級，但是却不能超過大夫這一級（大夫，在西漢二十級爵制中屬於第五級，並非高爵）。從中可以窺見國家對爵位的控制。

綜上所述，原374號簡應當分成兩部分，分别歸入373、381兩簡。

12. 勿以爲繇（徭）。市垣道橋，命市人不敬者爲之……$_{414}$

按：釋文“命”，原簡作，本是“令”字。“市垣道橋，令市人不敬者爲之”大概是說，命令有不敬行爲的商人去修建市院墻、道路和橋梁。

“令……爲之”這一句式也見於典籍，如《漢書·賈山傳》：“令民爲之，是與人主共操柄，不可長也。”又《史記·張耳陳餘列傳》：“十餘人皆爭自剄，貫高獨怒駡曰：‘誰令公爲之？’”需要特别留意的是，《二年律令》命、令二字出現頻率較高，用義似乎存在一定區别，現分述如下。

“命”用爲名詞一例，命令之義，如399號簡“當奔命而逋不行，完爲城旦”，《後漢書·楊琁傳》“奔命首尾”注：“奔命謂有命即奔赴之。”

“命”用爲動詞共八例。如18號簡“或命𥻆謂鼷毒”，原注釋四：命，命名。又如 123～124號簡“以其罪命之…… 亦以其罪論命之”、153號簡“群盜、命者，及有罪當命未命，能捕群盜、命者”，諸“命”字亦爲“命名”之義。《史記·天官書》：“其逆入，若不軌道，以所犯命之。”《索隱》引宋均云：“以其所犯命之者，亦謂隨所犯之位，天子命誅其人也。”《正義》：“命，名也。”《漢書·刑法志》：“已論命復有笞罪者，皆棄市。”晉灼曰：“命者，名也，成其罪也。”這裏指給犯人判刑。

要之，《二年律令》中“命”字凡九見，用爲名詞一例，取命令之義。用爲動詞八例，取命名之義。

"令"字用爲名詞共五十四例，其中三十例用作職官名，如：440號簡"少府令"，441號簡"中大夫令"，442號簡"長信謁者令"。十七例用作"法令"之義。如1號簡"二年律令"，324號簡"它如律令"，495號簡"越塞令"。七例用作"官府發出的某一具體指令"，如398號簡"已受令"，334號簡"鄉部嗇夫身聽其令"，等等。

"令"用爲動詞共六十八例，取命令之義，如116號簡"二千石官令都吏覆之"，179號簡"令獄史與官嗇夫、吏襍封之"，411號簡"令其毋訾（貲）者與共出牛食、約、載具"，"令"字後面接著奉令行事的人，令其去做必需做的事情，有一定的强制性。

要之，"令"出現達一百二十二例，用爲名詞五十四例，其中有三十例用作職官名，十七例用作法令之義，七例用作指令之意；用爲動詞六十八例，取命令之義。

綜上所述，在《二年律令》中，"命"用作動詞時，取"命名"之義；"令"用爲動詞時，取"命令"之義。尤其是"命"和"令"共存於18號簡、123號簡、124號簡中，如18號簡："或命糴謂鼷毒。詔所令縣官爲挾之"，123～124號簡："……亦以其罪論命之……女子庶人，毋筭（算）事其身，令自尚。"這裹的"命"，是命名之義；"令"，則系命令之義，分別井然。

然而，在傳世文獻中"命"作爲動詞的時候，也可用作"命令"之義。如《禮記·月令》："命澤人納材葦。"《淮南子·時則》命作令。又如《左傳·昭公二十六年》："齊侯將納公，命無受魯貨。"《史記·魯周公世家》命作令①。

由上可見，《二年律令》中的"命"和"令"的用法，與傳世文獻不太一致。

13. 有贖買其親者，以爲庶人，勿得奴婢。諸私爲菡〈鹵（鹵）〉鹽煮濟潦②，及有私鹽井煮者，稅之，縣官取一，主取五。采銀租之，縣官給橐（橐），銀十三斗爲一石，【十】石縣官稅成銀三斤。其踐也，牢橐，石三錢。租其出金，稅二錢。租賣穴者，十

① 高亨纂著、董治安整理：《古字通假會典》，齊魯書社，1989年，第94頁。

② 編按："漢"，陳偉老師改釋作"潦"，通作"潦"，指潦水（陳偉：《〈二年律令〉新研》，徐世虹主編，中國政法大學法律古籍整理研究所編：《中國古代法律文獻研究》第5輯，社會科學文獻出版社，2012年）。陳劍先生斷句作"諸私爲菡〈菡-鹵〉鹽、煮濟潦"，指出"'濟潦'即'積聚不流的鹵水/鹽水'，亦即'鹵水池''鹵水湖澤'之類。……但綜合考慮，所謂'煮濟潦'還是應以指'煮海爲鹽'的可能性最大"（陳劍：《張家山漢簡〈二年律令·金布律〉"煮濟潦"探微》，《出土文献》2020年第1期，第102～114頁）。二説大致解決了此處釋讀問題，請參看。

錢稅一。采鐵者五稅一；其鼓銷以爲成鐵，有（又）五稅一。采鉛者十稅一。采金者租之，人日十五分銖二。民私采丹者租之，男子月六斤九兩，女子四斤六兩。436～438

“其鼓銷以爲成鐵”之“鐵”，原釋文作“器”。按：該字簡文作，與“器”不類，殘存筆劃與437號簡“采鐵者”的“鐵”字作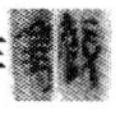，右部形同，當改釋作“鐵”。從文意看，簡文沒有提及進一步加工，所采集的鐵礦石經過銷融提煉，所得只是鐵坯，而非進一步定型的器物。“其鼓銷以爲成鐵”，類似的記載見於以下文獻：

《史記·司馬相如列傳》：“琳瑉琨珸。”《索隱》引《河圖》云：“流州多積石，名昆吾石，煉之成鐵，以作劍，光明昭如水精。”

《續漢書·郡國志》“臺登出鐵。”李賢注引《華陽國志》曰：“有孫水，一曰白沙江。山有砮，火燒成鐵。”

《左傳》昭公二十九年：“遂賦晉國一鼓鐵，以鑄刑鼎，著范宣子所爲刑書焉。”

《史記·司馬相如列傳》“煉之成鐵，以作劍”，“鐵”指提煉好的優質鐵坯，“劍”是成型的器物。《續漢書·郡國志》“臺登出鐵”之“鐵”指提煉好的優質鐵坯。《左傳》昭公二十九年“遂賦晉國一鼓鐵，以鑄刑鼎”之“鐵”與器物“鼎”對應，可知也是鐵坯。

鼓銷，《二年律令與奏讞書》注曰①：“鼓銷，鼓風熔化金屬。”《漢書·終軍傳》：“（徐）偃矯制，使膠東、魯國鼓鑄鹽鐵。”顏師古注引如淳曰：“鑄銅鐵，扇熾火，謂之鼓。”《說文》：“銷，鑠金也。”“其鼓銷以爲成鐵”指利用鼓風熔化鐵礦石去除雜質，提煉出優質鐵坯。

“稅成銀三斤”之“成”，原釋文未釋。按從該字殘筆看，疑是“成”字。“成銀”，指提煉好的銀。文獻中還有“成鹽”“成金”的說法，如《管子·輕重甲》：

管子對曰：“楚有汝、漢之黃金，而齊有渠展之鹽，燕有遼東之煮，此陰王之國也。且楚之有黃金，中齊有蔷石也。苟有操之不工，用之不善，天下倪而是耳，使夷吾得居楚之黃金，吾能令農毋耕而食，女毋織而衣。今齊有渠展之鹽，請君伐菹薪，煮沸火爲鹽，正而積之。”桓公曰：“諾。”十月始正，至於正月，成鹽三萬六千鍾。召管子而問曰：“安用此鹽而可？”

---

① 彭浩、陳偉、工藤元男主編：《二年律令與奏讞書》，上海古籍出版社，2007年。

管子對曰："孟春既至，農事且起，大夫無得繕冢墓，理宫室，立臺榭，築墻垣。北海之衆，無得聚庸而煮鹽。若此，則鹽必坐長而十倍。"桓公曰："善，行事奈何？"管子對曰："請以令糶之梁、趙、宋、衛、濮陽，彼盡饋食之也，國無鹽則腫，守圉之國，用鹽獨甚。"桓公曰："諾。"乃以令使糶之，得成金萬壹千餘斤。

即提及齊得"成鹽三萬六千鍾"，並用所煮的鹽賣於梁、趙、宋、衛、濮陽等處，得"成金"萬一千餘斤。"成鹽""成金"之文例與前面所論及的"成鐵"可互參。

"銀十三斗爲一石，【十】石縣官税成銀三斤"，"十"係我們按文意擬補。前面提及對多少斗爲一石，是對"石"的定義，緊接著出現的某石，"石"前的數詞在十進制的前提下較有可能進一位，即"十"。相似的情形也見於《二年律令》246號簡：

田廣一步，袤二百卌步，爲畛，畝二畛，一佰（陌）道；百畝爲頃，十頃一千（阡）道，道廣二丈。

其中"百畝爲頃，十頃一千（阡）道"，"百畝爲頃"是對"頃"的定義，緊接著再次出現的"頃"前加數詞"十"，進了一位。本簡"銀十三斗爲一石，【十】石縣官税成銀三斤"，指規定銀十三斗爲一石，每十石官府抽税三斤成銀。

"其踐也，牢橐，石三錢"的"踐"，整理小組指出，缺字左從"足"旁。按：簡文作右部仍可看出是二戈上下叠加，即右部所從爲戔，字即"踐"。踐，履行。《禮記·曲禮》："脩身踐言，謂之善行。"鄭玄注："踐，履也，言履而行之。""其踐也，牢橐，石三錢。"指在履行采銀規定或約定的過程中，縣官因所租給的牢橐，每石銀要收三錢。

14. 縣道[①]，大史官之；郡，郡守官之；卜，大卜官之。史、人〈卜〉不足，乃除佐。481

按：釋文"人〈卜〉"，原簡作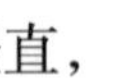。《二年律令》中"人"字作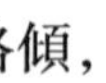（7號簡）、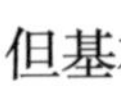（1號簡），兩筆作撇、捺形，左邊一撇先内凹，後外撇；"卜"字作、（481號簡），皆作兩直劃，左筆竪直，右筆平行。本簡，左筆略傾，右筆略斜，但基本呈直劃，在形體上更接近"卜"，所以仍然以釋"卜"爲宜。

① "縣道"參看廣瀨薰雄：《張家山漢簡〈二年律令〉474～487號簡譯注》，武漢大學研討班文稿，2003年；何有祖：《〈二年律令〉零釋——張家山漢簡〈二年律令〉研讀課札記之一》，簡帛研究網，2003年10月17日。

15. 詐僞出馬，馬當復入不復入，皆以馬賈（價）訛（詐）過平令論，及賞捕告者。510

“過平令”上一字，原釋文作“訛”。按：“訛”可指虛假之言，《爾雅·釋詁》：“訛，言也。”郭璞注：“世以妖言爲訛”。《詩·小雅·沔水》：“民之訛言，寧莫之懲。”鄭玄箋：“訛，僞也。”訛，還可指錯謬。《廣韻·戈韻》：“訛，謬也。”

“詐僞出馬，馬當復入不復入，皆以馬賈（價）訛過平令論”指作假帶馬出津關，馬應當帶回而不帶回的，依照馬賈（價）訛過平令來論罪。“訛”在本簡中較難說通。該字簡文作，字與“詐”字作111、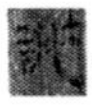155，形同，當是“詐”，讀作“詐”。《爾雅·釋詁》：“詐，僞也。”《周禮·地官·司市》：“以賈民禁僞而除詐，以刑罰禁虣而去盜。”賈公彥疏：“使禁物之僞而去人之詐虛也。”

“馬賈（價）詐（詐）過平令”，指懲治馬價作假而超過平價的令。“平賈（價）”見於《二年律令》242號簡：“芻稾節貴於律，以入芻稾時平賈（價）入錢。”整理者注：“平價，平均價格。”“過平”見於《漢書·食貨志》：“萬物卬貴，過平一錢，則以平賈賣與民。”《漢書·景武昭宣元成功臣表》：“侯當千嗣，太始四年，坐賣馬一匹賈錢十五萬，過平，臧五百以上，免。”指超過當時的平均價格。

《二年律令》514號簡“其詐（詐）貿易馬及僞診，皆以詐（詐）僞出馬令論”，指以作假之馬價交易馬以及診斷馬病，都以作假帶馬出津關之令論罪。這一句包含文例爲：詐（詐）……及僞……皆以詐（詐）僞……令論。本簡“詐僞出馬，馬當復入不復入，皆以馬賈（價）詐（詐）過平令論”所含句式與之同，亦可證據改釋作“詐（詐）”爲是。

16. 《二年律令·津關令》512號簡原釋文作①：

> 十三、相國上內史書言，諸以傳出入津關而行□子□未盈一歲，與其母偕者，津關謹案實籍書出入。·御史以聞，制曰：可。

竹簡左部殘缺，其中“諸以傳出入津關而行□子□未盈一歲”，以及文物出版社2006年5月所出版《張家山漢墓竹簡［二四七號墓］（釋文修訂本）》一書在“津關”與“而行”之間斷開，皆有可商榷之處。《張家山漢簡〈二年律令〉釋文校訂》一文對

① 張家山二四七號漢墓竹簡整理小組：《張家山漢墓竹簡［二四七號墓］》，文物出版社，2001年，第208頁。

此已有進一步的意見[1]：

> 産、駒，此二字原未釋，故此小句亦未斷讀。今發現紅外綫照片F殘1第2段可與512號簡此處拼合，遂得通讀。簡文可斷讀爲“諸以傳出入津關而行，産子駒未盈一歲，與其母偕者……”

上揭引文中對512所補殘片表述爲“F殘1第2段”。該殘片是原圖版本身即有，還是後來補入？筆者在翻檢《張家山漢墓竹簡［二四七號墓］》原圖版的時候發現170號簡頗值得關注。170號簡原釋文作：

> 諸舍亡人及罪人亡者，不智（知）其亡，盈五日以上，所舍罪當黥⧄贖耐；完城旦舂以下到耐罪，及亡收、隸臣妾、奴婢及亡盈十二月以上

整理者補充了一部分缺字。但是現在從原圖版只能看到上下兩段，補充文字所對應的一大段竹簡已然不見（比較巧的是，這一部分見於紅外綫圖版）。下部其實可以分爲兩部分，位置靠上的部分是一段殘簡，與170號簡釋文明顯不類，但與所謂的“F殘1第2段”文字完全相同。此段殘片應該是後來才從170號簡中分離出來的，紅外綫拍攝的時候來不及確定歸屬，便暫時當作殘片處理。

綜上所述，紅外綫照片所謂的殘片“F殘1第2段”原即夾在170號簡原圖版中，是512號簡的一部分。

附記：第2～4、7～10、12、14條見於何有祖《讀〈二年律令〉札記》，丁四新主編：《楚地簡帛思想研究（二）》，湖北教育出版社，2005年，第396～404頁。第1、11條見於何有祖《略談〈二年律令〉幾處拼接上的問題》（簡帛網2006年11月19日）、《張家山漢簡〈具律〉綴合一則》（簡帛網2010年10月4日），修改後連同第13條，收入何有祖《張家山漢簡校讀三則》，《出土文獻研究》第十輯，中華書局，2011年。第5、16條見於何有祖《〈二年律令〉512號簡所補殘片小議》，簡帛網2007年9月11日。

---

① 荊州博物館、武漢大學簡帛研究中心、早稻田大學長江流域文化研究所（何有祖執筆）：《張家山漢簡〈二年律令〉釋文校訂》，《中國文字》新三十二輯，藝文印書館，2006年。

第二節　釋《二年律令·田律》“利津隧”

文物出版社2001年出版的《張家山漢墓竹簡［二四七號墓］》第166頁，以及2006年出版的《張家山漢墓竹簡［二四七號墓］（釋文修訂本）》第42頁，提及《田律》的一條律文：

> 九月大除道及阪險；十月爲橋，修波（陂）堤，利津梁。雖非除道之時，而有陷敗不可行，輒爲之。

青川秦牘相似的一段文字作[①]：

> 九月大除道及阪險。十月，爲橋，修波（陂）堤，利津梁。鮮草離。非除道之時，而有陷敗不可行，輒爲之[②]。

也有“利津梁”一詞。二者的釋讀很可能是受到典籍“津梁”一詞的影響。《國語·晉語》：“豈謂君無有，亦爲君之東游津梁之上，無有難急也。”韋昭注：“津，水也。梁，橋也。”我們在梳理楚秦漢文獻相關討論之後，認爲“利津梁”等說並不可靠，提出“利津隧”的說法，以下試作論述。

首先談談青川秦牘《爲田律》“利津”後一字的考釋情況。《文物》1982年第1期發表了《青川縣出土秦更修田律木牘——四川青川縣戰國墓發掘報告》一文，公布了釋文與圖版，原釋文對“津”後一字存疑，作“利津□”。此後有多位學者對該字發表意見，其中“利津深”[③]“利津隘”[④]“利津䆅（康）”[⑤]等說在字形上相去甚遠，在此不作介紹，此僅列舉以下幾說：

---

① 釋文引自李學勤：《青川郝家坪木牘研究》，《文物》1982年第10期。

② 編按：此處釋文請可參看四川省博物館、青川縣文化館：《青川縣出土秦更修田律木牘——四川青川縣戰國墓發掘簡報》，《文物》1982年第1期，第1～21頁；于豪亮：《釋青川秦墓木牘》，《文物》1982年第1期，第22頁；劉洪濤：《釋青川木牘〈田律〉的“利津關”》，簡帛網，2008年3月29日。

③ 李昭和：《青川出土木牘文字簡考》，《文物》1982年第1期。

④ 黃盛璋：《青川新出秦田律木牘及其相關問題》，《文物》1982年第9期。

⑤ 田宜超、劉釗：《秦田律考釋》，《考古》1983年第6期。

1.“梁”字說

于豪亮先生最早提出釋作“粱（梁）”①，李學勤先生做了進一步修正②，認爲：“梁字，牘文原從二‘阜’，從‘水’‘办’聲。”

2.“澗”字說

“澗”字說系20世紀八九十年代提出③，其中陳世輝、湯餘惠二位先生認爲：《說文》：“澗，山夾水也。”篆文澗字從二阜、從水，與《說文》合，當是澗的原始會意字。林澐先生指出“𨸏”當是“澗”之古體。

近些年，劉洪濤先生懷疑“津澗”之“澗”應讀爲“關”。上古音“澗”“關”都屬見母元部，音近可通。《史記·建元以來王子侯者年表》“榮簡”，《漢書·王子侯表上》“簡”作“關”。“簡”從“間”聲，可證從“間”聲之“澗”可以用作“關”。只有修繕陸路往來所必須經過的關卡，保持道路通暢，才能保衛國家和人民生命財產的安全，保障陸路交通系統的正常運作④。

3.“衍”字說

李零先生根據《侯馬盟書》的“𥃝”字又可以寫成“”（通“”），而傳世文獻的“衍”常與出土文獻的“侃”對應，將“𨸏”字釋作“衍”⑤。

4.“淵”字說

禤健聰先生將青川木牘《爲田律》的此字改釋作“淵”⑥。

---

① 于豪亮：《釋青川秦墓木牘》，《文物》1982年第1期。

② 李學勤：《青川郝家坪木牘研究》，《文物》1982年第10期。

③ 陳世輝、湯餘惠：《古文字學概要》，吉林大學出版社，1988年，第255頁注12；林澐：《新版〈金文編〉正文部分釋字商榷》，中國古文字學會第八屆年會提交論文，1990年，第5頁。有祖按：小文在簡帛網發布後蒙網友jiaguwen1899指出更早的出處（http://www.bsm.org.cn/bbs/read.php?tid=2841&fpage=6），謹致謝忱！

④ 劉洪濤：《釋青川木牘〈田律〉的“利津關”》，簡帛網，2008年3月29日。

⑤ 李零：《釋“利津𨸏”和戰國人名中的和字》，《出土文獻研究續集》，文物出版社，1989年，第120、121頁。

⑥ 禤健聰：《上博簡（三）小札》，簡帛研究網，2004年5月12日。

以上四種說法中，後三種說法，與楚簡文字考釋互相影響。所以有必要介紹楚簡材料中從二阜從水之字的考釋情況。

《包山楚簡》10號簡“澗”字作，整理者隸定作𨺵。學者們做了進一步的釋讀，如劉釗先生認爲[①]：簡10有字作“”，字表釋作“𨺵”。按字從兩阜、從水，應釋爲“澗”。《說文》：“澗，山夾水也。”說解與此字形正合。字亦見於秦青川木牘，作“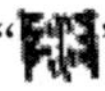”，謂“利津𨺵”即“利津澗”。字又見於楚鑄客鼎，與心字組合成“”（《金文編》345頁），在字中用爲聲符。字應釋爲“愆”，讀爲“盥”。

白于藍先生重申了這一觀點[②]：219頁“𨺵”字條，“”（10），乃古澗字，《說文》：“澗，山夾水也。”其字義正與此字字形相合（劉釗師：《包山楚簡文字考釋》，中國古文字研究會第九屆學術研討會論文，南京，1992年）。

劉信芳先生在《包山楚簡解詁》第16頁中釋文作“澗”[③]，意見相同。

“澗”也見於上博簡第三册《周易》50號簡，作原釋文釋作“澗”，通“榦”。由於此字對應著帛書《周易》“淵”字，所以禤健聰先生釋作“淵”，[④]他說：

> 《說文》：“淵，從水象形，左右岸也，中象水貌”的說解，而與衍字所從的彳、亍完全不同。我們認爲，侯馬盟書的淵與侃换用，楚簡（如郭店簡《緇衣》“不侃于義”，《詩·大雅·抑》作“不愆于儀”）與傳世文獻的侃、衍對應，都只是通假關係，C不是衍而是淵，是古文字常見的從□的淵字的另一異體。”

季旭昇先生《上海博物館藏戰國楚竹書（三）讀本》仍采用“澗”的說法[⑤]。

上博簡第五册《三德》也有“澗”字，作，整理者李零先生隸作“𨺵”（讀作岸）[⑥]。不過由於是與“臨川之都”並言，當有依憑險地築都邑以便於防守的意思，如果讀作“岸”，恐怕顯得平實。我們認爲“澗”可以讀如本字，正好可與“川”相呼應[⑦]。

---

① 劉釗：《包山楚簡文字考釋》，《東方文化》1998年第1、2期。

② 白于藍：《〈包山楚簡文字編〉校訂》，《中國文字》新廿五期，藝文印書館，1999年。

③ 劉信芳：《包山楚簡解詁》，臺北藝文印書館，2003年。

④ 禤健聰：《上博（三）小札》，簡帛研究網，2004年5月12日。

⑤ 季旭昇：《上海博物館藏戰國楚竹書（三）讀本》，萬卷樓圖書股份有限公司，2005年。

⑥ 馬承源主編：《上海博物館藏戰國楚竹書（五）》，上海古籍出版社，2005年。

⑦ 何有祖：《上博五〈三德〉試讀（二）》，簡帛網，2006年2月21日。

以上通過對楚簡、秦牘相關考釋意見的梳理，可知關於青川木牘“利津”後一字的考釋意見中“梁”“澗”二說是比較有影響力的。不過，楚簡字形很清楚，從二阜、從水，沒有問題，而青川木牘“利津”後一字除了從二阜、從水之外，夾在二阜之間的筆劃其實還有很多，“澗”字說將夾在二阜之間的筆劃歸於二阜，只分析作二阜、水，顯然過於簡單化，“梁”字說雖關注到二阜之間的筆劃，但在細節上似深究得不够，還是有疑點未釋。既然秦牘“利津”後一字的釋讀仍有疑點，那麼張家山漢簡《田律》“利津”後一字的釋讀就不好直接照搬秦牘了。該字到底該如何分析？容下文再作討論。這裏需要提及的是，周波先生曾撰文指出[1]：

> 相關內容又見《孟子·離婁下》和新近公布的上海博物館藏戰國楚竹書《鮑叔牙與隰朋之諫》簡1等。其中後者作“九月除路，十月而徒梁成，一之日而車梁成”。阮元校本《孟子·離婁下》作“歲十月徒杠成，十一月輿梁成”。《國語·周語》引《夏令》作“九月除道，十月成梁”。

這樣把楚秦漢有關文獻匯在一起考慮，無疑爲解決問題提供了新的契機。爲求直觀，我們在周波先生已有工作的基礎上，把相關內容匯成一表列於下：

表一

文獻出處	文例
《二年律令·田律》	以秋七月除阡陌之大草；九月大除道及阪險；十月爲橋，修陂隄[1]，利津梁
青川木牘	以秋八月修封埒，正疆畔，及發阡陌之大草。九月大除道及阪險。十月爲橋，修陂堤，利津梁，鮮草離。非除道之時，而有陷敗不可行，輒爲之[2]
《鮑叔牙與隰朋之諫》簡1	九月除路，十月而徒梁成，一之日而車梁成
阮元校本《孟子·離婁下》	歲十月徒杠成，十一月輿梁成
《國語·周語》引《夏令》	九月除道，十月成梁

① 周波：《釋青川木牘“𣴠”字及相關諸字》，復旦大學出土文獻與古文字研究中心網，2008年4月8日；周波：《青川木牘[illegible]字補議》，《古籍研究》2008卷（上），安徽大學出版社，2008年，第20～25頁。

① “隄”字從荊州博物館、武漢大學簡帛研究中心、早稻田大學長江流域文化研究所：《張家山漢簡〈二年律令〉釋文校訂》，《中國文字》新三十二期，藝文印書館，2006年；郭永秉：《張家山漢簡〈二年律令〉釋文校讀記》，復旦大學出土文獻與古文字研究中心網站，2008年4月4日。

② 編按：此處釋文請可參看四川省博物館、青川縣文化館：《青川縣出土秦更修田律木牘——四川青川縣戰國墓發掘簡報》，《文物》1982年第1期，第1～21頁；于豪亮：《釋青川秦墓木牘》，《文物》1982年第1期，第22頁；劉洪濤：《釋青川木牘〈田律〉的“利津關”》，簡帛網，2008年3月29日。

我們在表一中已經標出“十月”所作公共工程，其中有一件是相同的，即架橋。但上列文獻在對“橋”的表述上有別。《二年律令·田律》、青川木牘都寫作“橋”。而其他文獻除《孟子·離婁下》時間略有別，是十一月“輿梁成”，總的來說都寫作“梁”。梁，橋。《詩·大雅·大明》：“造舟爲梁，不顯其光。”孔穎達疏：“造其舟以爲橋梁。”表一文獻中“爲橋”“徒梁成”“成梁”都是指架橋，當無可疑。此外，我們還注意到架橋這一表述中所用詞多作“爲”“成”，並沒有用到“利”。更重要的是，《二年律令·田律》其實已有架橋的表述（即“爲橋”）。把“利津”後一字釋作“梁”的意見當還需要重新再做考慮。

張家山漢簡《田律》“利津”後一字原簡作（原图）、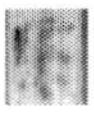（红外影像），左部略有殘缺，但仍可辨識上部從八從豕，下部從火，與456號簡“梁”（）字差別較爲明顯①，與“潤”也有明顯不同，與漢律中的“𨻳”字却有很多相似的地方，如405號簡“𨻳”字作 ，我們懷疑《田律》“利津”後一字應該改釋作“𨻳”。至於青川秦牘《爲田律》“利津”後一字作：，此字所從的左右相對的兩個𨸏，較上列《二年律令》405號簡“𨻳”字所從𨸏更象形。至於位置靠下的“水”，由一豎筆和上下兩個“八”構成，其中第一“八”，現在看來很有可能分別屬於左右的“𨸏”形由上往下數第三座山的筆劃。當然也有可能這裏采用共筆的可能，即𨸏、水共用部分筆劃。二𨸏中間的筆劃主體部分是一橫筆、一豎筆，橫筆上方靠左有一凸筆明顯，靠右似也有，但筆劃頗淡；豎筆左側有一撇較粗，似另有一較淡的撇，至於右側則有筆劃與𨸏接近，似是筆墨偏淡的捺筆。二𨸏中間的筆劃總的來看不類“梁”字所從，倒是很有可能是㒸。基於這一考慮，字下部所從的“水”第一“八”分離出去歸屬於“𨸏”後，剩餘的豎筆和第二個“八”似可一起看作的“火”的殘筆，當然，這一分析還是稍嫌牽强。我們這裏傾向於將字分析成從二𨸏、從水、從㒸，可看作“𨻳”的異體字。陳夢家先生曾提及，“𤎻𨻳”二字，六朝以後作“烽燧”，漢簡“燧”作隊、隧、𨻳、𨻳②。由於是烽燧的可能性不是很大，頗疑《二年律令·田律》和青川秦牘“利津”後一字都應該讀作“隧”。“隧”有道路之意。《左傳》襄公二十五年：“初，陳侯會楚子伐鄭，當陳隧者，井堙木刊。”杜預注：“隧，徑也。”《左傳》昭公十七年“盈其隧炭，陳以待命。”杜預注：“隧，出入道。”《淮南子·兵略訓》：“隧路亟，行輜治，賦丈均，處軍輯，井竈通，此司空之官也。”高誘注：“隧，道也。”

“隧”也可指地道，即在地面下方開闢的通道。如《左傳》隱公元年記載了“鄭

① 該字原釋文直接作“梁”，當隸作“粱”，讀作“梁”。

② 陳夢家：《漢簡綴述》，中華書局，1980年，第170頁。

共叔之亂”，鄭莊公之母由於偏愛共叔段並支持其政變而被鄭莊公關於城潁牢中，當時鄭莊公誓曰：“不及黃泉，無相見也！”後鄭莊公爲改善與其母之關係而發愁，“潁谷封人”即獻上挖地道之策“闕地及泉，隧而相見”。古書中因疏通道路挖地也稱爲“隧”。《左傳》僖公二十五年：“王入于王城，取大叔于温，殺之于隰城。戊午，晉侯朝王。王饗醴，命之宥。請隧，弗許。”杜預注：“闕地通路曰隧，王之葬禮也。諸侯皆縣柩而下。”

“隧”也可指在深險之地所開通的道路。《漢書·匈奴傳》“建塞徼，起亭隧”，顔師古注：“隧謂深開小道而行，避敵鈔寇也。隧音遂。”《漢書·西域傳》“今請遠田輪臺，欲起亭隧”，顔師古注：“隧者，依深險之處開通行道也。”

接著來談“隧”在簡文的含義。“利津隧”，似指修治通往渡口的道路。稍晚的文獻中有“津徑（或逕）”“津途”“津路”等詞：

《水經注·河水五》：“應劭曰：‘東武城東北三十里，有陽鄉故縣也，又東散絶，無復津逕。’”

《南史·王懿傳》：“食畢欲行，而暴雨莫知津徑，有一白狼至前，仰天而號，號訖銜仲德衣，因度水，仲德隨後得濟，與叡相及。”

《三國志·蜀志·許靖傳》：“津塗四塞。”

《南史·張暢傳》：“津路斷絕。”

其意義與“津隧”相近，指通往渡口的道路。上引文獻提及通往渡口的道路斷絕，多因爲兵亂，也有因爲暴雨而無法找到路，當然，也許暴雨已經將該路沖斷。《二年律令·田律》和青川秦牘所見“利津隧”時間在十月，正是天多旱的時候，修治疏通有備無患。

附记：本節内容，初稿《釋張家山漢簡〈二年律令·田律〉“利津隧”》（簡帛網2011年11月17日），修改後題作《釋秦漢簡牘所見“利津䢵”》，載於《出土文獻研究》第十二輯，中西書局，2013年。

又，因《二年律令》年代在漢吕后二年①，時值漢朝建立不久，戰亂初定，且客觀上存在漢朝與漢分封諸侯並存的局面，本節所討論的“䢵”，也有可能指烽燧。

① 周波：《從三種律文的頒行年代談〈二年律令〉的“二年”問題》，“簡帛研究網”，2005年5月9日，http://www.jianbo.org/admin3/2005/zhoubo001.htm。

第三節　《二年律令·津關令》考釋

張家山漢簡《津關令》自公布以來[①]，其文本經歷衆多學者多年的研究揣摩，又經過系統的注釋工作[②]，整體來説，在釋字、文意疏通方面已有較爲成熟的研究。在津關制度方面，學者們也有較多細緻梳理論證[③]。此後數年，新資料如嶽麓秦簡、里耶秦簡的公布，讓人應接不暇，當欣賞完新資料之後再度審視《津關令》，發現以往晦澀難解的文句，漸漸變得可以疏通，進而帶來津關制度方面新的認識。本節將討論三條《津關令》的文句，進而探索相關津關制度。

一

張家山漢簡《津關令》490、491號簡有一段文字墨迹漫漶，給簡文的釋讀帶來一定的困難。其中“乘塞者”與“·制曰”之間，整理者作“□其□□□□□日□□牧□□塞郵、門亭行書者得以符出入”，有較多文字缺釋。本人所執筆的《張家山漢簡〈二年律令〉釋文校訂》作“禁（？）其私（？）婢、馬之出田、沒茜（？）。牧繕治塞郵、門亭行書者得以符出入”[④]。鄔文玲先生指出，“塞郵”前整理本未釋的兩個字是“繕治”。[⑤]《二年律令與奏讞書》釋爲“禁（？）其□弩、馬、牛出，田、

① 張家山二四七號漢墓竹簡整理小組：《張家山漢墓竹簡［二四七號墓］》，文物出版社，2001年。

② 彭浩、陳偉、工藤元男主編：《二年律令與奏讞書》，上海古籍出版社，2007年。《二年律令與奏讞書》“參考文獻”部分對已有研究論著收集頗詳，早期學者的研究可以參看該部分，此不贅引。

③ 張家山漢墓竹簡整理小組：《江陵張家山漢簡概述》，《文物》1985年第1期；李學勤：《論張家山247號墓漢律竹簡》，大庭脩編：《92年漢簡研究國際討論會報告書·漢簡研究的現狀與展望》，關西大學出版部，1993年；李均明：《漢簡所反映的關津制度》，《歷史研究》2002年第3期；陳偉：《張家山漢簡〈津關令〉涉馬諸令研究》，《考古學報》2003年第1期；王子今、劉華祝：《説張家山漢簡〈二年律令·津關令〉所見五關》，《中國歷史文物》2003年第1期；鄔文玲：《漢初“禁物”略考》，《出土文獻研究》第六輯，上海古籍出版社，2004年；李天虹：《漢簡“致籍”考辨——讀張家山漢簡〈津關令〉札記》，《文史》2004年第2期；臧知非：《張家山漢簡所見漢初馬政及相關問題》，《史林》2004年第6期；陳偉：《張家山漢簡〈津關令〉“越塞闌關”諸令考釋》，《簡帛研究（二〇〇六）》，廣西師範大學出版社，2008年；楊建：《西漢初期津關制度研究》，上海古籍出版社，2010年。

④ 荊州博物館、武漢大學簡帛研究中心、早稻田大學長江流域文化研究所（何有祖執筆）：《張家山漢簡〈二年律令〉釋文校訂》，《中國文字》新三十二期，藝文印書館，2006年（以下簡稱《釋文校訂》）。

⑤ 鄔文玲：《張家山漢簡〈二年律令〉釋文補遺》，《簡帛研究（二〇〇四）》，廣西師范大學出版社，2006年。

波（陂）、苑（？）、牧，繕治塞，郵、門亭行書者得以符出入”，並指出[①]，“其□弩”中未釋字左從“扌”，右部不清，疑爲“挾”字。弩屬兵器，與馬匹一樣，是禁止輸出的物品，參見《漢書·昭帝紀》顏師古注引孟康曰：“舊馬高五尺六寸齒未平，弩十石以上，皆不得出關，今不禁也。”及493號簡今按。“田、陂、苑、牧”，指從事勞作的人。“繕治”，修繕。《史記·鄭世家》：“段至京，繕治甲兵，與其母武姜謀襲鄭。”

在簡文的釋讀方面取得一定進展。本條擬在《釋文校訂》已有研究的基礎上，參考各家意見，做進一步思考。

“汲”，原未釋，《釋文校訂》作“沒”，《二年律令與奏讞書》作“波（陂）”。該字作其右部與秦漢簡“及”字作、（《二年律令》490），、（里耶簡8-167、8-197），形同。可知字右部從及，即“汲”字。《說文·水部》：“汲，引水於井也。”《玉篇·水部》：“汲，引水也。”

“汲”下一字，原釋文未釋，《釋文校訂》與《二年律令與奏讞書》均作“茜（？）”。該字簡文作，與436號簡“菡〈蓾（鹵）〉鹽”的“菡〈蓾（鹵）〉”作形同，字當釋作“菡〈蓾（鹵）〉”。《說文》：“鹵，西方鹹地也。”《左傳》襄公二十五年：“度山林，鳩藪澤，辨京陵，表淳鹵。”杜預注：“淳鹵，埆薄之地。”孔穎達疏：“淳鹵地薄，收穫常少，故表之輕其賦稅。”可指鹽，也稱鹽鹵。《說文·鹽部》：“鹽，鹵也。天生曰鹵，人生曰鹽。”[②]徐灝箋：“天生謂不湅治者，如今鹽田所曬生鹽。人生謂湅治者，如今揚灶所煎熟鹽是也。”《史記·貨殖列傳》：“山東食海鹽，山西食鹽鹵。”

“汲菡〈蓾（鹵）〉”，指汲取鹵水，以用於製鹽。汲鹵，與《二年律令·金布律》436號簡“爲菡〈蓾（鹵）〉”意義相近。簡文婢出塞“汲鹵”。而《二年律令·金布律》436號簡：“諸私爲菡〈蓾（鹵）〉鹽煮濟漢[③]，及有私鹽井煮者，稅之，縣官取一，主取五。”對私人煮鹽有相應的的法律規定。王子今先生認爲，私爲菡（鹵）鹽煮”似不宜分斷，文意與下文“有私鹽井煮”相類同。“菡（鹵）鹽”是出産於北方内地的池鹽[④]。

---

① 彭浩、陳偉、工藤元男主編：《二年律令與奏讞書》，上海古籍出版社，2007年，第283頁。

② “天生曰鹵，人生曰鹽。”一句《說文》各本無，此係段玉裁據唐代玄應《眾經音義》補。參見（漢）许慎撰、（清）段玉裁注：《说文解字注》，浙江古籍出版社，1998年，第586頁上。

③ 編按：“煮濟漢”，當改釋作“煮濟潦”，請參看本書第一章第一節第13條札記脚注引陳偉、陳劍先生說。

④ 王子今：《張家山漢簡〈二年律令〉所見鹽政史料》，《文史》2002年第4期。

圖四　東漢制鹽畫像磚

（采自聞宥：《四川漢代畫象選集》第七十三圖，群聯出版社，1955年）

鑿井汲鹵煮鹽，在漢代已有較成熟的工藝。孫機先生指出：

井鹽則是從鹽井中汲鹵水煮成的，當時是巴蜀的特産。《華陽國志·蜀志》說："漢孝宣帝地節三年，穿臨邛蒲江鹽井二十所，增置鹽、鐵官。"又說："江陽郡漢安縣有鹽井。"同書《巴志》說："巴西郡南充國縣有鹽井。"左思《蜀都賦》則說成都一帶"家有鹽泉之井"。雖云賦不厭侈，但其說亦有一定的根據。因爲在成都東漢墓中，多次出土鹽井畫像磚。畫面上皆模印出一處鹽井，井上建有高大的井架。架分兩層，每層對立二人用轆轤曳繩汲取鹵水。井架上層之一側裝鹵水槽；並架設筧管，越嶺穿澗，將鹵水自水槽輸往遠處的鹽灶[①]。

孫機先生所提及東漢"煮鹽象"兩方，其一如圖四所示。其中"架分兩層，每層

① 孫機：《漢代物質文化資料圖說》，文物出版社，1991年。

對立二人用轆轤曳繩汲取鹵水。”最初的解說是“架上有四個人正在以轆轤汲鹵”[①]。這裏的“汲鹵”與簡文所提及“汲鹵”的意義相同。

後世文獻對鑿井汲鹵煮鹽的工藝也多有記載，如唐代詩人杜甫《鹽井》：

> 鹵中草木白，青者官鹽烟。官作既有程，煮鹽烟在川。汲井歲榾榾，出車日連連。自公斗三百，轉致斛六千。君子慎止足，小人苦喧闐。我何良嘆嗟，物理固自然。

《天工開物·作鹹》“井鹽”條[②]：

> 蓋井中空闊，則鹵氣游散，不克結鹽故也。井及泉後，擇美竹長丈者，鑿淨其中節，留底不去。其喉下安消息，吸水入筒，……汲水而上。入於釜中煎煉，頃刻結鹽，色成至白。

與“汲鹵”相近的表述見於後世文獻，如清人王守基《鹽法議略》“四川鹽法議略”[③]：

> 井透滷湧，以竹筒汲之，煎之於釜，自然成鹽。……潼川府廠則用草，其地泉脈稍淡，汲滷於井，煎之使鹹。

即直接提及“汲滷”。本簡所提及的“汲鹵”，大概只是指汲取鹵水並用人畜力運回塞內這一環節，與後世用“汲鹵”指汲取並用竹管運輸，在工藝上還是頗有不如。

這一記載放在《津關令》律文所涉及的津關的範圍之內，也許會有更具體的認識。《津關令》嚴格規定了關津控制人員和物資出入的制度[④]，如：

> 二、制詔御史，其令抒關、鄖關、武關、函谷【關】、臨晉關，及諸其塞之河津，禁毋出黃金、諸奠黃金器及銅，有犯令492
>
> ☐議，禁民毋得私買馬以出抒關、鄖關、函谷【關】、武關及諸河塞津關。506

① 聞宥：《四川漢代畫象選集》，群聯出版社，1955年，第七十三圖說明部分。
② （明）宋應星撰，潘吉星譯注：《天工開物譯注》，上海古籍出版社，2016年，第59頁。
③ （清）王守基：《鹽法議略》，中華書局，1991年，第68頁。
④ 李均明：《漢簡所反映的關津制度》，《歷史研究》2002年第3期。

王子今、劉華祝二位先生指出[1]：

很可能張家山漢簡《二年律令》中《津關令》的法律條文所體現的區域地理觀，是使用了“大關中”的概念的。也就是説，以“扜關、鄖關、武關、函谷、臨晋關”劃定界限的“關中”，是包括了“天水、隴西、北地、上郡”地方，也包括了“巴、蜀、漢中”地方的。現在看來，在司馬遷著作《史記》的時代，廣義的“關中”即“大關中”的概念，可能是得到社會一定層面共同認可的。而張家山漢簡《二年律令·津關令》中五關的列定，則説明漢初這種“大關中”觀已經得到法律的支持和確定。……“關中”，很可能是秦占據函谷關之後形成的區域地理概念。而張家山漢簡《二年律令·津關令》所使用“關中”這一區域地理概念，或許也可以作爲漢法承襲秦法的例證。

……

如此，則《二年律令·津關令》所見“扜關、鄖關、武關、函谷、臨晋關”，除臨晋關稍偏西以外，其餘四關由北向南，恰好構成一條大致端正的南北軸綫。這五座關的位置，竟然都在東經110°與111°之間。

如此，490～491號簡所記載的“若其私（？）婢、馬之出田、汲菌〈蓾（鹵）〉、牧，繕治塞、郵、門亭行書者得以符出入”，大致發生在天水、隴西、北地、上郡、巴、蜀、漢中這樣一個大的區域，由於津關塞處於這一區域的邊緣地帶，實際遠離核心區域。故而雖然漢初對私自煮鹽有相關規定，如張家山漢簡《金布律》436號簡：

有贖買其親者，以爲庶人，勿得奴婢。諸私爲菌〈蓾（鹵）〉鹽煮濟漢[2]，及有私鹽井煮者，税之，

即提及要對私人煮鹽行爲要徵税。490、491號簡婢“汲鹵”得以符出入，則顯示此種行爲被關塞認可，但關塞是否會徵税則不得而知。

---

① 王子今、劉華祝：《説張家山漢簡〈二年律令·津關令〉所見五關》，《中國歷史文物》2003年第1期。

② 編按：“煮濟漢”，改釋作“煮濟潦”，請參看本書第一節第13條札記腳注引陳偉、陳劍先生説。

簡文允許出塞“汲鹵”，可知塞外當有鹽鹵地，駐邊軍吏可派遣私屬出關塞汲取鹵水。塞外不大可能會有煮鹵水的設備，大致還會運回關塞內，通過煮鹵水來獲得鹽。此種情況被邊塞官府所許可，但似仍缺乏組織，較多是自發行爲。與此時內地煮鹽已具一定規模並形成産業當有所不同。這一材料對秦漢鹽業史的研究具有重要意義。

“乘塞者”下一字，原釋文未釋，《釋文校訂》疑是“禁”。該字作：

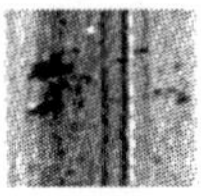

上部從艸，其下從又，“又”的收筆成一横筆，再下“口”形隱約可辨，其字形類《二年律令·賊律》1、2號簡“若”作、，字疑當釋作“若”。若，或者。“若”在《二年律令》中常用來連接並列、互補或相關聯的幾種可能，如：

以城邑亭障反，降諸侯，及守乘城亭障，諸侯人來攻盜，不堅守而棄去之若降之，及謀反者，皆要（腰）斬。其父母、妻子、同産，無少長皆棄市。其坐謀反者，能偏（徧）捕，若先告吏，皆除坐者罪。1、2

劫人、謀劫人求錢財，雖未得若未劫，皆磔之；完其妻子①，以爲城旦舂。其妻子當坐者偏（徧）捕，若告吏，吏捕得之，皆除坐者罪。68、69

“若”在此處用作連詞。簡文“得以符出入”的主語較長，似包含三類人，其一是縣邑傳塞之人②，其二是備塞都尉、關吏、官屬、軍吏卒乘塞之人，其三是“其私（？）婢、馬之出田、汲菌〈菌（鹵）〉、牧，繕治塞郵、門亭行書者”。當然，第三類人實際上還可再細分，詳下文。“若”“其”連言的例子也見於《二年律令》408號簡，如：

諸當行粟，獨與老父母居老如睆老，③若其父母罷㾓（癃）者，皆勿行。

---

① “完”字參看彭浩、陳偉、工藤元男主編：《二年律令與奏讞書》，上海古籍出版社，2007年，第118頁。

② “縣邑傳塞”與“備塞都尉、關吏、官屬、軍吏卒乘塞者”雖然用“及”分隔開，但“縣邑傳塞”和“備塞都尉、關吏、官屬、軍吏卒乘塞者”當共用“者”字。《二年律令》1、2號簡“以城邑亭障反、降諸侯，及守乘城亭障，諸侯人來攻盜，不堅守而棄去之若降之，及謀反者，皆要（腰）斬”中“以城邑亭障反、降諸侯”，“守乘城亭障，諸侯人來攻盜，不堅守而棄去之若降之”和“謀反者”共用“者”字，可以爲證。

③ “老父母”之老，原釋文作若，今改釋作老。參看何有祖：《利用嶽麓秦簡校釋〈二年律令〉一則》，簡帛網，2016年3月26日。

上揭簡文即用“若”，連接不可行粟的幾種可能性。這裏出現的用來表示“或者”的“若”與代詞“其”連用的“若其”，與傳世文獻表示“如其”的“若其”作：

大夫之許，寡人之願也；若其不許。亦將見也。（《左傳》成公二年）

我退而楚還，我將何求？若其不還，君退臣犯，曲在彼矣。（《左傳》僖公二年）

含義並不相同。用來表示“如其”的“若其”，“若”訓作如，已經固化爲一詞。順便提一句，與上引《二年律令》408號簡文句相對應的句子，嶽麓秦簡158、159號簡作[①]：

敖童當行粟而寡子獨與老父老母居老如免老，若獨與𤸫（癃）病母居者，皆勿行。

二者比較可知，《二年律令》使用代詞“其”，在律文方面更爲簡練。

如此，大致可將新的釋文書寫如下：

縣邑傳塞，及備塞都尉、關吏、官屬、軍吏卒乘塞者，若其私（？）婢、馬之出田、汲菌〈菌（鹵）〉、牧，繕治塞、郵、門亭行書者，得以符出入。·制曰：可。490、491

上列釋文中，與第三類人有關簡文的斷句仍有一些疑問，以下做進一步疏解。

“若其私（？）婢之出”之“出”，指出關塞。田，田作。牧，即放牧。田作、汲鹵、牧等工作似都由婢來從事。《說文》：“婢，女之卑者也。”《周官·秋官·司厲》：“其奴，男子入于罪隸；女子入于舂稾。”從簡文看，婢從事農田耕作、汲鹵、放牧等工作。

“繕治”，原釋文未釋，此從鄔文玲先生及《釋文校訂》釋。各家在斷句上仍有別，如《釋文校訂》作“禁（？）其私（？）婢、馬之出田、沒茜（？）。牧繕治塞郵、門亭行書者得以符出入。”“牧”與“繕治”連讀，且“繕治塞郵、門亭行書者得以符出入”未作進一步斷句。《二年律令與奏讞書》釋爲“禁（？）其□弩、馬、

① 陳松長主編：《岳麓書院藏秦簡（肆）》，上海辭書出版社，2015年，120頁。按：“老父老母居老如免老”，原釋文在“居”下逗開，今據《二年律令》408號簡“獨與老父母居老如睆老”一句連讀。

牛出，田、波（陂）、苑（？）、牧，繕治塞，郵、門亭行書者得以符出入”，“繕治塞”單作一小句。今按：“繕治”指修繕。《史記·鄭世家》：“段至京，繕治甲兵，與其母武姜謀襲鄭。”居延漢簡有“繕治亭隧”（157·15）[①]。與“繕治塞”在文例相合。從內容看，“繕治塞”似屬官府例行公事，不當由“都尉、關吏”等的婢來從事，故而此處“繕治”應屬下讀作“繕治塞”，即修繕塞。另，“繕治塞”與下文的“郵、門亭行書者”共用“者”，即繕治塞之人，屬“得以符出入”的範圍，故而“繕治塞”與“郵、門亭行書者”應連讀，但仍用頓號區隔。

郵、門亭行書者，其中“郵行書者”即郵人，“門亭行書者”即“門亭卒行書者”，見於《二年律令·行書律》265、266號簡“令郵人行制書、急書，復，勿令爲它事。畏害及近邊不可置郵者，令門亭卒、捕盜行之”。正常的情況下設置郵，“畏害及近邊不可置郵”則令門亭卒行書。簡文作“郵、門亭行書者”，對郵、門亭兩種情形作區分，大致沿用內地行書制度。此處不直接作郵人、門亭卒，是否意味著，內地的行書制度移植到邊塞的時候，由於人員、資源等方面的限制，在行書點的設置、區隔上仍有不同？

結合上文的討論，現在可將《津關令》488～491號簡重新釋寫如下：

> 一、御史言，越塞闌關，論未有令。·請闌出入塞之津關，黥爲城旦舂；越塞，斬左止（趾）爲城旦；吏卒主者弗得，贖耐；令、丞、令史罰金四兩。智（知）其請（情）而出入之，及假予人符傳，令以闌出入者，與同罪。非其所當爲傳而擅爲傳出入津關，以傳令、闌令論，及所爲傳者。縣邑傳塞，及備塞都尉、關吏、官屬、軍吏卒乘塞者，若其私婢、馬之出田、汲鹵、牧，繕治塞、郵、門亭行書者，得以符出入。·制曰：可。

490、491號簡“縣邑傳塞”至“得以符出入”，大意是備塞都尉、關吏、官屬、軍吏卒乘塞者等類人及其婢、馬出關、塞從事田作、汲鹵、牧等工作，以及修繕邊塞之人、郵人、行書的門亭卒可以憑符出入。從此條律文看，“得以符出入”的爲如下5種人：

（1）縣邑傳塞者；

（2）備塞都尉、關吏、官屬、軍吏卒乘塞者；

（3）其（1、2種人）私婢、馬之出田、汲鹵、牧；

（4）繕治塞者；

---

① 謝桂華、李均明、朱國炤：《居延漢簡釋文合校》，文物出版社，1987年，第258頁。

（5）郵、門亭行書者。

這5種人都可只是憑“符”就可以出入關塞。居延漢簡有出入關塞的符的記載：

始元七年閏月甲辰，居延與金關爲出入六寸符券，齒百，從第一至千，左居官，右移金關，符合以從事。●第八（《合校》65·7）

李均明先生指出[①]：

此例所見爲專門用以出入金關的符，僅署編號，未署持用人。此類符常用於與該關津關係密切，即屬同一轄區的人員使用。前例4 所云“縣邑傳塞，及備塞都尉、關吏、官屬人、軍吏卒乘塞者……塞郵、門亭行書者得以符出入”即屬此類。

李均明先生提及《津關令》488～491號簡與居延漢簡所見出入符性質相同，並指出，此類符常用於與該關津關係密切，即屬同一轄區的人員使用。現在看來，這5種人除了具有與關塞關係密切、同一區域的特徵外，由於其從事日常的工作，需要長期頻繁的出入關塞，故而用符而非用傳來作爲出入津關塞的憑證。

二

《津關令》493號簡[②]：

□、制詔御史，其令諸關，禁毋出私金器、鐵。其以金器入者，關謹籍書。出，復以閱出之。籍、器飾及所服者，不用此令。

“金器”下一字，整理小組指出，字從“金”。謝桂華先生疑可補釋作“鐵”[③]。張家山漢簡研讀班、釋文修訂本改爲“□”[④]，作未釋字。《二年律令與奏讞書》按：

① 李均明：《漢簡所反映的關津制度》，《歷史研究》2002年第3期，第30、31頁。

② 釋文參看《二年律令與奏讞書》。

③ 謝桂華：《張家山漢墓竹簡［二四七號墓］校讀舉例》，《簡帛研究（二〇〇二、二〇〇三）》，廣西師范大學出版社，2005年。

④ 張家山漢簡研讀班：《張家山漢簡〈二年律令〉校讀記》，《簡帛研究（二〇〇二、二〇〇三）》，廣西師范大學出版社，2005年；張家山二四七號漢墓竹簡整理小組編：《張家山漢墓竹簡［二四七號墓］（釋文修訂本）》，文物出版社，2006年，第84頁。

"'金器、鐵'，據紅外綫影像釋。鐵，鐵器。禁止向關外輸出銅器的規定見492號簡。鐵器被列爲禁物的規定見於《漢書·汲黯傳》顔師古注引應劭曰：'律，胡市，吏民不得持兵器及鐵出關。雖於京師市買，其法一也。'"

今按：該字簡文作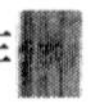、（紅外影像），與437號簡"采鐵者"的"鐵"字作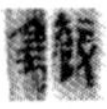，兩者有較大差别。字與《二年律令》454號簡"鍚"字作[1]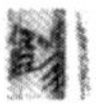形體相同，即"鍚"。鍚可指馬額上的金屬飾物，如《詩經·大雅·韓奕》"鉤膺鏤鍚"鄭玄注："眉上曰鍚，刻金飾之，今當盧也。"也可指盾背的金屬飾物，如《禮記·郊特牲》"朱干設鍚"鄭玄注："干，盾也；鍚，傅其背如龜也。"孔穎達疏："謂用金琢傅其盾背，盾背外高，龜背亦外高，故云'如龜也'"。如然，鍚作爲馬以及盾等戰略資源上的金屬飾物[2]，似在禁止運輸出入關物品之列。

"其令諸關，禁毋出私金器、鍚"，指下令諸關，私人所有的金器及鍚，禁止向關外輸出。

---

① 《二年律令與奏讞書》按："鍚"，原釋文作"錫"，現據圖版和紅外線影像改釋。《漢書·地理志上》漢中郡下有"鍚"。漢印有"鍚丞之印"。

② 編按："鍚"，還可能是"錫"之訛寫。在出土的漢代文獻裏，易、昜作爲偏旁常混用。如《陰陽五行》乙篇63號簡"衆生爲賜予"、《稱》158號簡"得焉者不受其賜"之"賜"，原文均寫作從貝從易；《戰國縱横家書》40號簡"臣受賜矣"之"賜"，原文則從貝從昜。等等。作爲另一種可能，簡文的"鍚"，可看作"錫"之訛寫。《說文·金部》："錫，銀鉛之間也。"《周禮·夏官·職方氏》："其利金錫竹箭。"蔡永華先生《"即山鑄錢"辨》（《文博》1986年第1期）指出："早在商周時期，我國即有摻錫、鉛熔煉青銅，以鑄造各類青銅器具。按出自戰國的《考工記》記載，當時的青銅煉製技術即'金有六齊，六分其金而錫居一，謂之鐘鼎之齊；五分其金而錫居一，謂之斧斤之齊；四分其金而錫居一，謂之戈戟之齊；三分其金而錫居一，謂之大刃之齊；五分其金而錫居二，謂之殺矢之齊；金錫半，謂之鑒燧之齊'。這說明：根據需要摻入不同程度的錫等金屬煉製青銅，制鑄器具，已成了工藝技術中的一個重要内容。"即指出"錫"作爲重要金屬所具有的用途。里耶秦簡8-2226+8-2227號簡"買請銅鍚〈錫〉"。岳麓秦簡《猩、敞知盜分贓案》中有"買銅鍚""分鍚""得鍚"等表述，整理者疑"鍚"可讀爲"璗"，指銅之美者。銅鍚，在簡文中應指盜墓所出青銅器［朱漢民、陳松長主編：《岳麓書院藏秦簡（叁）》，上海辭書出版社，2013年，第119～124、126頁］。方勇則認爲岳麓秦簡中這幾處"鍚"可釋作"錫"，簡文中的"銅""錫"應是兩種金屬器具（方勇：《讀岳麓秦簡（三）札記一則》，簡帛網，2014年2月21日）。現在看來，這些可能都是作爲金屬原材料的"銅鍚〈錫〉"。漢初也有買賣銅金属的例子，如蔡永華先生《"即山鑄錢"辨》提及"西漢中央所在的漢長安城中，曾發現十大塊銅材，形式大小相同，每塊中間都有一孔，直徑約6.5厘米，有的上刻'百三十斤'，還有刻'百二十九斤'或'百二十八斤'，其中一塊在邊緣還刻有'汝南富波宛里田戎賣'十個字，當可認爲爲武帝前之物。……來自民間的田戎之輩，據銅山煉就銅材幷不'即山鑄錢'，而是用于出售。"從《二年律令·津關令》看，"錫"這種金屬，漢初在禁止運出關的物品之列。

“出之”下一字，原釋文作“籍”，鄔文玲先生斷句作“其以金器入者，關謹籍書，出，復以閱，出之，籍。器飾及所服者不用此令”[①]。張家山漢簡研讀班：“籍器，飾”改讀爲“籍器、飾”。“籍器”指借用的公家器。[②]陳偉老師認爲，“飾及所服者不用此令”，大概是說裝飾在衣物上的金製品不適用這條法令。即不需要在入關時登記，出關時逐一點數。籍器，即前述入關時“籍書”之“金器”，不能說是“不用此令”。相關文句的斷讀恐當是：“或以金器入者，關謹籍書。出，復以閱出之籍器。飾及所服者不用此令。”[③]今按：“籍器”之“籍”作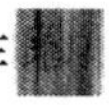、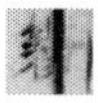（紅外影像），與同篇的“籍”字作493、495，相比較，在字形上與“籍”相去甚遠。《奏讞書》58號簡有“箸”字作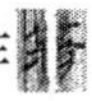，與之形近。字應分析爲從竹從者，即“箸”字。《說文·竹部》：“箸，飯攲也。”《玉篇·竹部》：“箸，策也，飯具也。”先秦時期已有筷子出現，但禮書中强調食用飯黍的時候不用筷子。《禮記·曲禮》：“飯黍毋以箸。”鄭玄注：“飯以手”。到漢代多見使用筷子之例，如《史記·絳侯周勃世家》：“頃之，景帝居禁中，召條侯，賜食。獨置大胾，無切肉，又不置櫡。條侯心不平，顧謂尚席取櫡。”[④]《史記·留侯世家》：“漢王方食……張良對曰：‘臣請藉前箸爲大王籌之。’”後者所載也見於《漢書·張良傳》作：“漢王方食，……良曰：‘臣請借前箸以籌之。’”注引張晏曰：“求借所食之箸用指畫也。或曰，前世湯武箸明之事，以籌度今時之不若也。”顏師古注：“或說非也。箸，音直庶反。”這裏的“箸”用於食，指筷子。

“箸”所在語境爲“□、制詔御史，其令諸關，禁毋出私金器、錫。其以金器入者，關謹籍書。出，復以閱出之”。可知“箸”當與金器有關，爲金屬製品。竹木材質的箸應該不用考慮是否能出入關的問題。

關於筷子所用材質，從東漢許慎《說文》分析爲從竹來看，一般用竹製作。不過中國古代貴族會使用其他材質的箸，如傳說中商紂王曾使用象箸，《韓非子·喻老》：“昔者紂爲象箸而箕子怖。”還有鐵箸，如《漢書·王莽傳》：“夙夜連率韓博上言：‘有奇士，長丈，大十圍，來至臣府，曰欲奮擊胡虜。自謂巨毋霸，出於蓬萊東南，五城西北昭如海瀕，軺車不能載，三馬不能勝。即日以大車四馬，建虎旗，載霸詣闕。霸臥則枕鼓，以鐵箸食，此皇天所以輔新室也。’”這是文獻方面的記載。

---

① 鄔文玲：《漢初“禁物”略考》，《出土文獻研究》第六輯，上海古籍出版社，2004年。

② 張家山漢簡研讀班：《張家山漢簡〈二年律令〉校讀記》，《簡帛研究（二〇〇二、二〇〇三）》，廣西師范大學出版社，2005年。

③ 陳偉：《張家山漢簡雜識》，《語言文字學研究》，中國社會科學出版社，2005年。

④ 孫機：《漢代物質文化資料圖說》，文物出版社，1991年，第330頁。

考古發掘所得的“箸”多作爲隨葬品，王仁湘先生曾做過細緻梳理[①]：

> 製箸的材料很多，除大量采用竹木，也用金、銀、銅、鐵等。由於形小易朽，埋葬在地下的箸很難保存下來，我們現在所能發現的箸之所以以銅質和銀質占多數，其原因在於此。最早的竹箸見於西漢早期的云夢大墳頭一號墓，長24釐米。最早的銀箸見於隋代長安李静訓墓，長29釐米。最早的銅箸則是在云南祥云大波那銅棺中發現的，長24～28釐米，屬春秋中晚期。
>
> 祥云大波那銅箸共有三支，整體爲圓柱形，是考古發掘所見最早的箸。同屬春秋晚期的銅箸還見於安徽貴池徽家沖，斷面爲少見的長方形，長20.3釐米。漢代的箸出土較多，除銅箸外，發現更多的是竹箸，如前述云夢和江陵所見即是，新疆民豐尼雅遺址還發現屬漢代的木箸。在漢代壁畫和漢畫像磚上，都見到用箸進食的圖像，表明漢代箸確已廣爲使用。長沙馬王堆一號漢墓出土的一具漆案上，置有漆盤、耳杯和酒卮等器具，還有一雙竹箸，長僅17釐米。春秋時代的箸上下一般粗細，分不出哪是手握的首部和哪是夾食的足部。漢代所見的箸大都具備首粗足細的特徵，如云夢大墳頭的竹箸，首足直徑分别爲0.3和0.2釐米，是古箸中較爲纖細的一種。

由上引王先生論述可知，考古發掘所見箸有銅、銀、竹、木等材質，其時代歷春秋晚期至明代。春秋時期已有銅箸，漢代箸已經廣泛使用。從文獻記載與考古實物來看，本簡所提及的“箸”從材料來看，包含銅、鐵、象牙、竹木等多種可能。律文只提“箸”而不加限定，可知包含金屬材質在内的不同材質的“箸”應都不在禁運之列。

器飾，見於《史記·平准書》：“而珠玉、龜貝、銀錫之屬爲器飾寶藏，不爲幣。然各隨時而輕重無常。”器飾所用材料有珠玉、龜貝、銀錫等。本簡“器飾”從所在的語境來看，並沒特別限定，可能包含金屬製品與非金屬製品。從“器飾”位於“箸”“所服者”之間，可知該器飾與較重要的戰略物質並無關聯。

基于以上討論，我們可將此處文句斷讀作“箸、器飾及所服者，不用此令”。此句大意是，箸、器物飾品以及裝配使用這些物品的人，可以出入諸關，不受此令約束。這給我們帶來津關制度方面新的認識。

---

① 王仁湘：《中國古代進食具匕箸叉研究》，《考古學報》1990年第3期，第278、279頁。

三

《津關令》498、499號簡：

□、御史請諸出入津關者，詣入傳□□吏（？）里□長物色□瑕見外者及馬職（識）物關舍人占者，津關謹閲，出入之。縣官馬勿職（識）物者，與出同罪。·制曰：可。

“津關者”後一字，原釋文作“詣”，王偉先生釋作“皆”[①]，“傳”後一字原未釋，《釋文校訂》釋作“書”，魯家亮先生將“傳”“書”斷開[②]，均可從。“書”後一字原未釋，《釋文校訂》釋作“奴”。楊建先生在討論相關問題時曾引到居延漢簡303.15、513.17：“馬長吏即有吏卒民屯士亡者，具署郡、縣、里、名、姓、年長、物色、所衣服賫操、初亡年月日、人數白報與病已。”[③]《二年律令與奏讞書》作“郡”。因爲有居延漢簡的文例，把此字及相鄰的下一字釋作“郡、縣”似不應再有疑，不過由於居延漢簡與《二年律令》就材料所在年代而言仍有較長的間隔，相關詞語是否可以全然對應？恐仍需要基于字形加以考慮。

“書”後一字簡文作、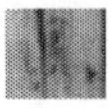（紅外綫影像），其殘存筆劃與498號簡“見”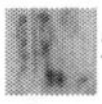字形相似，字疑是“見”字。見，現有。《漢書·王莽傳下》“倉無見谷”，顔師古注：“見，謂見在也。”《漢書·王嘉傳》：“是時外戚貲千萬者少耳，故少府水衡見錢多也。”顔師古注：“見在之錢也。”秦漢出土文獻中有一些以訓作“現有”的“見”作爲限定語的詞匯，如里耶秦簡6-5號簡“見錢”、8-487+8-2004“見户數”、8-518“見户”等詞語中的“見”都訓作見在或現有。

再下一字原釋文疑爲“吏”，《釋文校訂》釋作“婢”。《二年律令與奏讞書》作“縣”，簡文作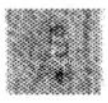、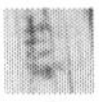（紅外綫影像），與同簡的“縣”字作有較大的差别，而與496號簡“吏”作字形相近，字疑是“吏”，原整理者所釋應可從。“見吏里”之“吏里”見於：

① 參見王偉：《張家山漢簡〈二年律令〉編聯初探》，簡帛研究網，2003年12月21日。

② 魯家亮：《〈津關令〉集釋》（稿本），2005年。

③ 楊建：《張家山漢簡〈二年律令·津關令〉簡釋》，《楚地出土簡帛文獻思想研究（一）》，湖北教育出版社，2002年。

☐其問官下此書軍吏。弗下下，定當坐者名吏里、它坐、訾能入貲不能，遣詣廷。Ⅱ

☐□獄東。/義手。Ⅲ8-198+8-213+8-2013

說，說所爲除貲者名吏里、它坐、訾遣8-1090

這是“吏里”並提的例子。還有“吏”與“縣”並提的，如：

及令丞令吏主遣者名吏縣、它坐。Ⅰ

令貲遣。Ⅱ8-1438

獻泰　遷陵守丞陵□爲爲Ⅰ

爲爲爲Ⅱ8-1438背

此外還有單言的“吏”，如：

☐□□名吏、它坐、遣言。·問之有名吏（事），定，故旬陽隸臣，以約爲Ⅱ

☐□□吏，有遝耐辠（罪）以上，毄（繫）遷陵未夬（决），毋遣殹。謁報覆獄治所，敢言Ⅲ8-136+8-144

綜合以上簡文可知，“吏”可與縣、里或邑里並言，也可單獨出現，里耶秦簡校釋小組參考睡虎地秦簡小組的意見把“吏”讀作“事”，如8-136+8-144號簡《校釋》注：

名，原釋文未釋，指名字。吏，原釋文作“事”，當釋爲“吏”，讀爲“事”，指身份。它坐，其他罪行。《封診式·有鞫》記云：“敢告某縣主：男子某有鞫，辭曰：‘士五（伍），居某里。’可定名事里，所坐論云可（何），可（何）罪赦，或覆問毋（無）有，遣識者以律封守。”整理小組注釋云：“事，《說文》：‘職也。’名事里，姓名、身份、籍貫。居延漢簡239.46有‘鞫繫，書到，定名縣爵里’。”遣，疑當讀爲“譴”，罪過。《後漢書·蔡邕傳》：“詔書每下，百官各上封事，欲以改政思譴，除凶致吉。”言，語已之辭。

當是。睡虎地秦簡《倉律》：“而書入禾增積者之名事邑里於廥籍”，“事”與“邑里”同見，與《封診式·有鞫》“可定名事里”一樣，直接寫作“事”。可知將

“吏”通作“事”的意見可從。

“吏（事）”以下的“年、長、物色、疵瑕見外者”從謝桂華先生①、《釋文校訂》、《二年律令與奏讞書》釋。現在將新的釋文書寫如下：

> □、御史請諸出入津關者，皆入傳，書見吏（事）、里、年、長、物色、疵瑕見外者及馬職（識）物關舍人占者，津關謹閲出入之。縣官馬勿職（識）物498者，與出同罪。·制曰：可。499

需要指出的是，簡文“見吏（事）里”，與里耶簡所見“名吏（事）里”在文例上十分接近，“吏（事）”前的“見”如能改釋作“名”，在文例上似也能說得通。不過從字形上看，該字殘存筆劃與507號簡“名”相比較，似不好解釋向右下的一捺筆。這裏仍釋“見”爲妥。見吏（事）、里、年、長、物色、疵瑕見外者，大致指出入津關者現在的職事、居住里、年齡、身高以及體貌特徵（物色、疵瑕）。

已有觀點把“事”解釋爲身份，似還可推敲。睡虎地秦簡小組在注釋中把“名事里”解釋作姓名、身份、籍貫，引居延漢簡239.46“鞫繫，書到，定名縣爵里”爲證，其中“爵”應跟身份對應，至於名、縣、里，分別是對所記載對象姓名、居所在縣里等基本情況的描述，其實並沒有解決“事”所指爲何的問題。《說文》：“事，職也。”“事”在這裏當指職事。李均明先生曾對津關制度做過系統梳理②，引到一份吏家屬出入關符：

> 永光四年正月己酉橐佗吞胡隧長張彭祖符。
>
> 妻大女昭武萬歲里□□，年卌二。子大男輔，年十九歲。子小男廣宗，年十二歲。子小女女足，年九歲。輔妻南來，年十五歲。皆黑色。（《合校》29·2）

並指出，此類符文，署明吏家屬之姓名、性別、關係、年齡、膚色等，以便過關時核驗。從該符文的細節來看，並無職事方面的記載。而本簡的“傳”，除了記載出入津關塞者的體貌特徵、財產身份情況外，還需交代出入津關塞者的職事，該職事應與出

---

① “色”後一字原未釋，謝桂華先生疑爲“疵”字。參看謝桂華：《張家山漢墓竹簡［二四七號墓］校讀舉例》，《簡帛研究（二〇〇二、二〇〇三）》，廣西師范大學出版社，2005年，第173～176頁。

② 李均明：《漢簡所反映的關津制度》，《歷史研究》2002年第3期，第31頁。

入津關之事由直接相關。這其實也是“傳”與“符”的重要區别。

津關謹閲出入之，《二年律令與奏讞書》斷句作“津關謹閲，出入之”。此前各家也有討論，如楊建先生指出：閲，檢查、核驗。《史記·范雎列傳》：“到關，關閲其寶器，寶器珍怪多於王室。”《史記·衛將軍驃騎列傳》：“兩軍之出塞，塞閲官及私馬凡十四萬匹，而復入塞者不滿三萬匹。”[①]張家山漢簡研讀班認爲，“出復以閲”讀爲“出，復以閲”[②]。

類似文句還有一些，如：

其以金器入者，關謹籍書。出，復以閲，出之。箸、器飾及所服者不用此令[③]。493

有縣官致上中大夫、郎中，中大夫、郎中爲書告津關，來復傳，504津關謹閲出入。……505

爲致告津關，津關謹以藉（籍）、久案閲，出。諸乘私馬入而復以出，若出而當復入者，507津關謹以傳案出入之……510

十二、相國議，關外郡買計獻馬者，守各以匹數告買所內史、郡守，內史、郡守謹籍馬職（識）物、齒、高，移其守，及爲致告津關，津關案閲，509出，它如律令。……508

以上爲《二年律令與奏讞書》斷句。這些文句現有斷句中“閲”與“出”有斷開的，如493、507、509、508號簡，也有連讀的，如504、505號簡。我們在這裏支持連讀的意見，即讀作“案（或‘謹’）閲出”“閲出之”“謹閲出入”“謹閲出入之”。《津關令》507號簡有“案閲”連用的例子，“津關謹以傳案出入之”則是“案”單用的例子。上列文句所含“閲出之”“謹閲出入”“謹閲出入之”，則是“閲”單用的例子，“案”“閲”語義可互補仍略有差别，二者語法地位相當。510號簡“津關謹以傳案出入之”與498號簡“津關謹閲出入之”，504、505號簡“津關謹閲出入”表述極爲接近，可證連讀爲是。

① 楊建：《張家山漢簡〈二年律令·津關令〉簡釋》，《楚地出土簡帛文獻思想研究（一）》，湖北教育出版社，2002年。

② 張家山漢簡研讀班：《張家山漢簡〈二年律令〉校讀記》，《簡帛研究（二〇〇二、二〇〇三）》，廣西師范大學出版社，2005年。

③ 編按：“箸、器飾”的釋讀，請參看本節第二部分。

餘　論

以上討論，大致帶給我們漢初津關制度如下新認識。

其一，漢代出入津關的人員，其中長期頻繁出入的，有縣邑傳塞者，有備塞都尉、關吏、官屬、軍吏卒乘塞者，有隸屬於前二者並主要從事田作、汲鹵、放牧的婢、馬，有修繕關塞者，也有郵、門亭行書者，這些人與關塞管理人員非常熟悉，所承擔的職事也非常明確可信，故而可單憑符即可出入津關。

其二，出入津關所用傳所記信息包含該人員現在的職事、居住里、年齡、身高以及體貌特徵（物色、疵瑕）等。其中職事一項，是傳與符的重要區別所在。

其三，個人的私金器以及錫，在出入津關的禁運名單之列，至於箸、個人飾品不在其列，配服這二者的人可以自由出入津關。

以上第一、二條與出入關的憑證有關，簡文記載特定的人群可單憑符即可出入津關，反映津關制度中的簡化措施。傳的詳細規定的揭示，給我們分辨傳與符帶來了新的綫索。至於容許箸等物品出入津關，則顯示中央王朝對非戰略物質出入津關的放行，也是早期中國中央王朝飲食文化、裝飾藝術文化經過關津向周邊地域傳播的重要證據。

附記：本節內容，見於何有祖：《釋張家山漢簡〈津關令〉490—491號簡並論相關問題》，《出土文獻》第12輯，2018年；何有祖：《張家山漢簡〈津關令〉考釋（二則）》，《簡帛研究（二〇一八春夏卷）》，2018年。

第四節　《奏讞書》124～128號簡考釋

張家山漢簡《奏讞書》第十八案例簡124“南郡卒史蓋廬、摯田、叚（假）卒史瞗復攸庳等獄簿”是一個標題性質的表述。按照整理者的意見，復獄人員應有南郡卒史“蓋廬、摯田”，叚（假）卒史“瞗”，一共三人。不過整理者認爲“摯田”也可能是兩人[①]。到底“摯田”是一人還是兩人？我們將從這一問題談起。

① 張家山二四七號漢墓竹簡整理小組：《張家山漢墓竹簡［二四七號墓］》，文物出版社，2001年，第224頁。

一

與其他案例開頭即直奔案情主題頗爲不同的是，案例十八開始部分除了第124號簡書寫簿籍原題外，還用了四支簡（125～128）詳細介紹了復獄人員的經歷。也即124～128號簡尚未涉及具體的案情分析，那麼很自然地就不會增有其他下級官吏或者疑犯的名字。這就保證了125～128號簡人員名單的單純性與可靠性。這就便于我們將總括性的124號簡所提及的人名，與125～128號簡的人名互相對應。現在不妨看看第125～128號簡：

御史書以廿七年二月壬辰到南郡守府，即下，甲午到蓋廬等治所，其壬寅補益從治，上治125它獄。

·四月辛卯䳄有論去。五月庚午朔、益從治，蓋廬有資（貲）去。八月庚子朔論去。盡廿八年九月甲午已。126凡四百六十九日。朔病六十二日，行道六十日，乘恒馬及船行五千一百卌六里，衛（率）之，日行八十五里，127畸（奇）卌六里不衛（率）。除弦（元）、伏不治，它獄四百卌九日，定治十八日。128

上引簡文中下劃綫部分是所涉復獄人員。其中“蓋廬”出現2次、“䳄”出現1次。不過沒有看到“摯、田”，倒是3次出現“朔”這個人名，如“五月庚午朔、益從治”（126）、“八月庚子朔論去”（126）、“朔病六十二日”（127）。據這三次出現的情況分析，“朔”曾參與復獄，並因“論”中途離開過，且有生病的記錄。另外，據126號簡原釋文“五月庚午朔、益從治”，“朔”似曾與“益”共事過。從相似的文例125號簡“壬寅補益從治”中可看出，“補”也應是人名。現在的問題是，124號簡提及的“摯、田”似未見於第125～128號簡復獄人員名單中。據簡文，此二人皆爲南郡卒史，同爲南郡卒史的“蓋廬”已見於第125～128號簡，甚至比二人職位還低一些的叚（假）卒史“䳄”也見於第124～128號簡，爲何單單不見“摯、田”？反而第125～128號簡多出“補、益、朔”三人？以下我們將嘗試對此問題作出回答。

首先說“摯、田”。通過仔細觀察第124號簡“摯”下一字，我們發現其筆劃不類“田”字，却與第126、127號簡“朔”字近似，可見“摯”下一字應是“朔”字。如此第124號簡、第125～128號簡皆可見“朔”。所以原釋文所謂的“摯田”其實應該釋爲“摯、朔”。再看125號簡“壬寅補益從治”，原“補”字實際上應釋爲“摯”，其字形與124號簡“摯”同。如此便解決了爲何第125～128號簡不見“摯”，而第

125～128號簡“朔”不見於第124號簡的問題。

另外，原釋文125“壬寅補益從治”，“補益”二字不斷開，而126“五月庚午朔、益從治”，“朔、益”兩字斷開。這兩處斷法有些矛盾。其一，第二處斷法很容易讓人以爲“益”是人名。其二，而且如果“益”是人名，就應都斷開，否則就不都斷開。“益”是不是人名呢？由於“益”不見於124號簡，我們推測“益”並非人名。益，疑意爲助。125“甲午到蓋盧等治所，其壬寅摯益從治”，126“四月辛卯䳄有論去。五月庚午朔益從治”，應指摯、朔分別加入同行的行列來幫助處理案情。如此，126號簡“朔益”，兩字不應該頓開。

結合擬補的大墨點（用［●］表示），以及新釋的幾個字，我們把新處理的釋文列於下：

［●］·南郡卒史蓋廬、摯、朔、叚（假）卒史䳄復攸庳等獄簿124

御史書以廿七年二月壬辰到南郡守府，即下，甲午到蓋盧等治所，其壬寅摯益從治，上治125它獄。

·四月辛卯䳄有論去。五月庚午朔益從治，蓋盧有資（眥）去。八月庚子朔論去。盡廿八年九月甲午已。126凡四百六十九日。朔病六十二日，行道六十日，乘恒馬及船行五千一百卌六里，衛（率）之，日行八十五里，127畸（奇）卌六里不衛（率）。除弦（元）、伏不治，它獄四百卌九日，定治十八日。128

第124號簡提及的復獄人員是“蓋廬、摯、朔、䳄”，而第125～128號簡涉及的復獄人員也是“蓋廬、摯、朔、䳄”。如此兩部分便可互相對應了。

二

張家山漢簡《奏讞書》第124～128號簡屬第十八案例，而上文我們已經新釋的第124號簡“南郡卒史蓋廬、摯、朔、叚（假）卒史䳄復攸庳等獄簿”，點明即是復獄簿，即復獄人員的復獄記錄。整理者認爲“本簡系簿籍原題。此簡長度比本册其他簡要短，可能是後補入的”[①]。我們將對124號簡是否爲後來補入作些探討。

《奏讞書》共有228只竹簡，包含22個案例。觀其竹簡，皆有上、中、下三道編

① 張家山二四七號漢墓竹簡整理小組：《張家山漢墓竹簡［二四七號墓］》，文物出版社，2001年，第224頁。

繩，其編繩痕迹頗爲明顯，這就便于我們對各案例首簡大小墨點所處之位置關係進行總結。以下是除124號簡外其餘案例首簡的墨點分布情況：

（1）第17、49、51、53、54、56、58、60、61、63、69、75號簡，皆有大墨點（●）與小墨點（·）。大墨點皆位於上編痕的上端，而小墨點則位於上編痕的下端，或者靠近上編痕的下部。

（2）第28、36、162、174、189、197號簡，簡首完好，皆僅有大墨點（●），位於上編痕的上端；不見小墨點（·）。

（3）第1、8、99號簡，簡首完好，不見大墨點（●）與小墨點（·）。

（4）第180號簡，簡首編痕以上部位已經殘失，無法看到大墨點（●），但第一字上到編痕處保存尚好，可看到沒有小墨點（·）。此例由於簡首殘，無法作爲判斷依據。

由上可知：大小墨點可同時有（12例），也可以同時沒有（3例）；也可以僅有大墨點（6例）。而現在返回來看第124號簡，我們可以發現該簡上部僅存留有小墨點，而小墨點上端仍有部分編繩痕迹，似乎可歸入第1種情況，即很可能有大墨點的存在。即使大墨點不存在，根據現存情形我們也可以知道現有124號簡已非竹簡原貌，簡首編痕以及其上或存的大墨點應是後來才殘失的。現在看起來，“此簡長度比本册其他簡要短”，但若據此認爲“可能是後補入的”，恐還需要再作考慮，畢竟這關係到其他諸案例的首簡的地位。我們懷疑第124號簡應與其他案例首簡之地位相當，並非後來補入。同時需要回答的一個問題是，同樣屬第十八案例的第129號簡作：

●御史下書別居它笥。·今復之：庫曰：初視事，蒼梧守竈、尉徒唯謂庫：利鄉反，新黔

簡首編痕以上有大墨點存在，這與唯有各案例簡首才見大墨點的情形似有矛盾。以上問題當與第十八案例的特殊情形有關。爲能說明問題，我們嘗試分析《奏讞書》各案例的開頭情形如下表所示（表二～表七）：

表二

案例一	十一年八月甲申朔己丑，夷道汴、丞嘉敢潚（讞）之。六月戊子發弩九詣男子毋憂告，爲都尉屯，已受致書$_{001}$
案例二	十一年八月甲申朔丙戌，江陵丞驁敢潚（讞）之。$_{008}$
案例三	●十年七月辛卯朔癸巳，胡狀、丞憙敢潚（讞）之。刻（劾）曰：臨菑（淄）獄史闌令女子南冠繳（縞）冠，詳（佯）病臥車中，襲$_{017}$
案例四	●胡丞憙敢潚（讞）之。十二月壬申，大夫蔪詣女子符，告亡。·符曰：誠亡，詐（詐）自以爲未有名數，以令自占$_{028}$
案例五	●十年七月辛卯朔甲寅，江陵餘、丞驁敢潚（讞）之。$_{036}$

（一）以官吏讞獄，即由官吏介紹案情的形式開頭

（1）時間+敢讞之

案例一至三皆爲時間＋某某敢讞之。其中“敢灋（讞）之”具有總結陳述或間接陳述的性質。“胡丞憙敢灋（讞）之”前未見時間，是由於與案例三有共同的官吏，即胡丞憙。不過案例三的“狀”未見於案例四，其位置在丞“憙”之前，估計應是“守”的職位。案例四與案例三皆爲漢高祖十年（公元前197年），故承前省年號，下文十二月壬申則進一步交代了時間。所以將此例歸入第一種情形。

（2）以某某守讞形式開頭

表三

案例六	●·漢中守灋（讞）：公大夫昌苔（笞）奴相如，以辜死。先自告：相如故民，當免。作少府，昌與相$_{049}$
案例七	●·北地守灋（讞）：女子甑奴順等亡，自處彭陽。甑告丞相：自行書，順等自贖。甑所臧（贓）過六百$_{051}$
案例八	●·北地守灋（讞）：奴宜亡，越塞，道戍卒官大夫有署出，弗得，疑罪。·廷報：有當贖耐。$_{053}$
案例九	●·蜀守灋（讞）：佐啓主徒。令史冰私使城旦環爲家作，告啓，啓詐簿曰治官府，疑罪。·廷$_{054}$
案例十	●·蜀守灋（讞）：采鐵長山私使城旦田、舂女爲饘，令內作，解書廷，佐恬等詐簿爲徒養$_{056}$
案例十一	●·蜀守灋（讞）：大夫犬乘私馬一匹，毋傳，謀令大夫武窬□上造熊馬傳，箸（著）其馬職（識）物，弗身$_{058}$更，疑罪。$_{059}$
案例十二	●·河東守灋（讞）：郵人官大夫內留書八日，詐更其徼（檄）書辟留，疑罪。$_{060}$
案例十三	●·河東守灋（讞）：士吏賢主大夫𤞷，𤞷盜書毄（繫）遯（豯）亡，獄史令賢求，弗得，毄（繫）母媼亭中，受豚$_{061}$

此類情形涉及案例六至十三。皆以“某某守灋（讞）”之形式開頭，直接陳述案情。與第（1）類情形大致接近。

（3）時間+官吏叙述案情

表四

案例十四	●·八年十月己未，安陸丞忠刻（劾）獄史平舍匿無名數大男子種一月。平曰：誠智（知）種無數，舍$_{063}$
案例十五	●七年八月己未江陵忠言：醴陽令恢盜縣官米二百六十三石八斗。恢秩六百石，爵左庶長。$_{069}$
案例二十二	●六月癸卯，典贏告曰：不智（知）何人刺女子婢宑里中，奪錢，不智（知）之所。即令獄史順、去疢$_{197}$

此類情形有案例十四、十五、二十二3例。開頭皆交代時間，其後爲官吏告劾。其用詞有劾、言、告。仍屬直接陳述案情。

（二）以某官吏行某獄的形式開頭

表五

案例十六	●淮陽守行縣掾新郪獄，七月乙酉新郪信爰書：求盜甲告曰：從獄史武備盜賊，武以六月壬午出行公粱亭，至今不$_{075}$

此類情形在《奏讞書》中僅1例。開頭“淮陽守行縣掾新郪獄，七月乙酉新郪信爰書”交代某某守行某某爰書。“爰書”一詞在睡虎地秦簡《封診式》中頗爲常見。堀毅先生認爲：“‘爰書’一詞主要詞義是‘代替口辭的文書’，但也包括搜查階段的各類調查筆錄。”①這種說法大致是正確的。不過案例十六主要爲口辭，所提及“武出備盜賊而不反（返），其從迹類或殺之”多少有調查取證的痕迹。總之，此類情形還是直接對案情的陳述。

（三）以已論罪人乞鞫的形式來直接進入案情分析

表六

案例十七	四月丙辰，黥城旦講气（乞）鞫，曰：故樂人，不與士五（伍）毛謀盜牛，雍以講爲與毛謀，論黥講爲城旦。覆視其故獄：元年$_{099}$

“四月丙辰，黥城旦講气（乞）鞫，曰”，直接交代乞鞫的時間，還有乞鞫人名。此類情形在《奏讞書》中亦僅1例，頗爲特殊。關於乞鞫的具體要件，《二年律令》第114～117號簡有比較詳細的表述：

> 罪人獄已決，自以罪不當欲气（乞）鞫者，許之。气（乞）鞫不審，駕（加）罪一等；其欲復气（乞）鞫，當刑者，刑乃聽之。死罪不得自气（乞）$_{114}$鞫，其父、母、兄、姊、弟、夫、妻、子欲爲气（乞）鞫，許之。其不審，黥爲城旦舂。年未盈十歲爲气（乞）鞫，勿聽。獄已決盈一歲，不$_{115}$得气（乞）鞫。气（乞）鞫者各辭在所縣道，縣道官令、長、丞謹聽，書其气（乞）鞫，上獄屬所二千石官，二千石官令都吏覆之。都吏所覆治，廷$_{116}$及郡各移旁近郡，御史、丞相所覆治移廷。$_{117}$

① 堀毅：《秦漢法律史論考》，法律出版社，1988年，第11頁。

《二年律令》給我們透露出了如下信息：

（1）乞鞫受理的有效時間。律文“罪人獄已決……獄已決盈一歲，不得气（乞）鞫”，交代了乞鞫的時間，即在已論罪後1年內乞鞫才有效。1年後乞鞫，官方不予受理。

（2）乞鞫者的身份與年齡限制。首先，只有非死罪犯以及死罪犯的親屬才能乞鞫。“自以罪不當欲气（乞）鞫者，許之”則交代了乞鞫者的身份。結合律文“死罪不得自气（乞）鞫，其父、母、兄、姊、弟、夫、妻、子欲爲气（乞）鞫，許之”，可知乞鞫者可以是非死罪犯，或死罪犯的親屬。其次，乞鞫者年齡需在十歲以上。“年未盈十歲爲气（乞）鞫，勿聽”，則說明了死罪犯的親屬如果年齡不滿十歲，官方也不會受理該乞鞫。

（3）乞鞫不審的後果比較嚴重。乞鞫不審，指乞鞫者乞鞫過程中被官方判定爲“不審”，其後果是比較嚴重的：非死罪犯乞鞫者，會罪加一等；作爲乞鞫者的死罪犯親屬則黥爲城旦舂。

（4）乞鞫受理程序是乞鞫者到當地縣道官處乞鞫，縣道官令、長、丞“書其气（乞）鞫”，上呈案情給“獄屬所二千石官”。“二千石官”派遣“都吏”覆查。而且“廷及郡各移旁近郡，御史、丞相所覆治移廷”。

此案例所交代的“講”判爲“黥城旦”，並非死罪，故能直接上訴。這也是直接陳述案情的情形。

（四）引法條爲依據先介紹舊判，然後在通過案情分析來說明舊判合適與否

表七

案例十九	●異時衛法曰：爲君、夫人治食不謹，罪死。今宰人大夫說進炙君，炙中有發長三寸；夫人養婢媚進162
案例二十	●異時魯法：盜一錢到廿，罰金一兩；過廿到百，罰金二兩；過百到二百，爲白徒；過二百到千，完爲倡。有（又）曰174
案例二十一	故律曰：死□以男爲後。毋男以父母，毋父母以妻，毋妻以子女爲後。律曰：諸有縣官事，而父母若妻死180

“衛法”，原釋文作“獄□”。蔡萬進先生認爲：前字字形與168號簡“衛”相近，疑爲“衛”。後字與174號簡“法”接近，疑爲“法”字。異時衛法，與“異時魯法”文例同，亦與君“問史猷治獄非是”之史猷爲衛國人相合[①]。其釋讀可從。異時衛法、異時魯法、故律，顯非漢初律條，從中可窺見先秦各國律文情形。儘管張建國先

① 蔡萬進：《張家山漢簡〈奏讞書〉研究》，廣西師范大學出版社，2006年，第25頁。

生認爲案例二十一不是司法文書，因爲它有尾無頭①。但用此種方式開頭，仍是直接進入案情的一種有效方式。

以上諸案例，開頭的方式頗豐富，即或以官吏直接或間接讞獄，或以爰書，或是以已論罪人乞鞫，甚或以先引律法條的形式開頭。但無論其開頭方式是直接或者間接表述，都是直接引入案情。

但是案例十八則並非如此。其首簡（124）爲“·南郡卒史蓋廬、摯、朔、叚（假）卒史瞗復攸庳等獄簿”。緊接著的並非直接分析案情，而是用了四支簡（125～128）詳細介紹了復獄人員的經歷。而125～128號簡則介紹了其復查的大概經歷。這一記錄比較重要。該記錄有詳有略，如“瞗”，是“有論去（126）”；“蓋廬”，是“有資（貲）去（126）”。談到“朔”時頗爲詳細（127～128）：

> 朔病六十二日，行道六十日，乘恒馬及船行五千一百卌六里，衛（率）之，日行八十五里，畸（奇）卌六里不衛（率）。

談到“朔”總的生病天數，在路上經歷的天數，以及所用的運輸工具（馬及船）。並計算了每天的里程數，以及平均數。當然根據本節第一部分的考證，還有“摯”的具體經歷，即“益從治”。

如果復獄人員犯事，就會暫時剝奪復獄資格。如“瞗”以“論去”，“蓋廬”以“資（貲）去”，“朔”“八月庚子論去”。記錄中“瞗”“蓋廬”相繼離去後未有提及重新回來，也未提及“摯”離去的問題，但是對“朔”的記錄却頗爲詳細，顯然“朔”後又參與復獄。說明“朔”在整個復獄過程中起到了頗爲重要的作用。“攸庳”案中多次提及對復獄人員的等待。131號簡“御史恒令南郡復”，132號簡“有須南郡復者即來捕”，138號簡“以爲南郡且來復治”，140號簡“有須南郡復者即來捕”，144號簡“幸南郡來復治”，151號簡“南郡復吏到攸”。而152、153號簡“南郡復吏乃以智巧令修（攸）誘召㝡（聚）城中……”，復獄人員更是起到了領導性的作用。

根據上文的考證，第125～128號簡所提及的復獄人員能與第124號簡所提及的“南郡卒史蓋廬、摯、朔、叚（假）卒史瞗”對應。可見兩者是不可或缺的關係。如果說第124號簡是後來補入的，那麽第125～128號簡無疑也是後來補入的。不妨去掉124～128號簡看看129號簡是否有作爲案例的首簡的可能性。該簡作：

---

① 張建國：《關於漢簡〈奏讞書〉的幾點研究及其他》，《國學研究》（第四卷），北京大學出版社，1997年，第539頁。

·御史下書別居它笥。·今復之：庳曰：初視事，蒼梧守竈、尉徒唯謂庳：利鄉反，新黔$_{129}$首往毄（擊），去北當捕治者多，皆未得，其事甚害難，恐爲敗。庳視獄留，以問獄史氏，氏曰：$_{130}$

據上文對諸案例首簡的分析，首簡一般會交代時間、地點，某某獄、某某讞等情況。而129號簡直接以“·御史下書別居它笥。·今復之”開頭，顯得頗爲突兀；並且由於下文也沒有提及具體的復獄人員，這會使案例處於毫無頭緒的尷尬境地。所以可排除129號簡作爲案例開頭部分的可能性。

另外124號簡提及到了案例所涉罪犯，即攸庳等。同時125～128號簡與129號簡都提及“御史書”的問題。所以無論是第129號簡，還是125～128號簡，都與第124號簡有密切的關係。而124號簡作爲簿題只能處於開頭。當然由於124號簡與129號簡之間加入一段描述復獄人員工作的文字，爲醒目，129號簡沒有如其他案例的次級簡用小墨點（·），而是在編痕上端用大墨點表示。

現在看來124～161號簡應是一個包括復獄案例的整體記錄（可簡稱“復獄簿”）。其中第124號簡是簿題名，第125～128號簡是復獄人員的工作記錄，緊接其下的第129～161號簡則是其必然涉及的復獄案例。從這種意義上說第124號簡當更爲重要，不大可能是後來才補入的。

三

通過前兩部分的論述，我們知道124～161號簡應該作爲“復獄簿”這樣一個整體性的法律檔案記錄來看待。那麼應如何看待夾在第124號簡與129號簡之間的第125～128號簡的地位呢?

我們嘗試著把它放在秦漢奏讞書寫格式變化的角度下來理解。畢竟《奏讞書》已經爲我們提供了很好的可供比較的素材。即《奏讞書》收入有3個明確記年的秦案例，即案例二十二（秦王政六年，前241年）、案例十八（秦始皇二十七年，前220年）、案例十七（秦二世二年，前209年①）。還收入8個明確記年的漢初案例，他們分別是：案例十六（高祖六年，前201年）、案例十五（高祖七年，前200年）、案例十四（高祖八年，前199年）、案例三（高祖十年，前197年）、案例四（高祖十年，前197年）、案例五（高祖十年，前197年）、案例一（高祖十一年，前196年）、案例二（高祖十一年，前196年）。通過對這些案例的比較，我們大致可以發現漢初奏讞制度

① 彭浩：《談〈奏讞書〉中的秦代和東周時期的案例》，《文物》1995年第3期。

仍沿襲秦制，不過在形式上已有簡練化和固定化的趨勢。

通過觀察秦與漢初的案例，我們發現與第125～128號簡相似的部分如表八所示。

表八

（高祖六年，前201年）案例十六	新鄹甲、丞乙、獄史丙治
（高祖七年，前200年）案例十五	南郡守强、守丞吉、卒史建舍治
（高祖八年，前199年）案例十四	南郡守强、守丞吉、卒史建舍治

即皆在“當”之後簡要的列出治獄人員的名單。相比之下，第125～128號簡的內容則更爲詳細一些的，而且位置也放在了前面。由於相較漢初案例而言，秦案例之奏讞記錄在記錄格式上顯得頗爲繁複且增減並不固定，本身即屬秦案例的第125～128號簡位置靠前大概也是這一特點的體現。

附記：本節內容，初稿《張家山漢簡《奏讞書》所見復獄簿研究》（簡帛網2006年9月9日），修改後題作《張家山漢簡〈奏讞書〉第十八案例解題》，刊載於《中國出土資料研究》第11號，（日本）中國出土資料學會，2007年。

第五節　《蓋廬》等篇叢考

本節主要對張家山M247漢簡《蓋廬》《遣策》《引書》《脉書》《算數書》等篇文字進行考釋。

一、《蓋廬》文字考釋

1. 行地之德，何致何極？（《蓋廬》1-2）

“致”，原釋文作“范”，注釋曰：“范，《說文》作‘笵’，云：‘法也’。極，《爾雅·釋詁》：‘至也。’”按：簡文作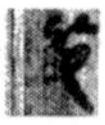，與12號簡“笵”（）有別，與《二年律令》74號簡“致”字作同。字當釋作“致”。《說文·夊部》：“致，送詣也。”《論語·子張》：“君子學以致其道”，刑昺疏：“致，至也。”劉寶楠正義：“致者，極也，盡也。”《荀子·榮辱》：“志意致修，德行致厚，智慮致明，是天子之所以取天下也。”楊倞注：“致，極也。”“致”與“極”義同。

“行地之德，何致何極？”當是針對“地德”提出來的問題。接下來的第3、4兩支簡提及“行地之德，得時則歲年熟，百姓飽食；失時則危其國家，傾其社稷。”是從壞與好兩個極端對立的方面來詮釋何爲地德。《管子·問》“《制地》，君曰：‘理國之道，地德爲首，君臣之禮，父子之親，覆育萬人，官府之藏，彊兵保國，城郭之險，外應四極，具取之地。’”“地德”之得失對國政的影響可見一斑。

2. 徒卒飢恐（《蓋盧》36）

“飢”，原釋文作“饑”。按：簡文作，當是“飢”字。飢、饑二字，義本有別。《説文·食部》：“饑，穀不熟爲饑”，段玉裁按：“《論語》年饑，因之以飢饉。鄭本皆作飢”，又“飢，餓也。”段玉裁注：“與饑分别。蓋本古訓。諸書通用者多有。轉寫錯亂者亦有之。”據此驗看《蓋盧》篇中“飢”“饑”的用法，31號簡“糧少足飢”、36號簡“徒卒飢恐”之“飢”用“飢餓”之義，53～54號簡“國大而德衰，天旱而數饑者，攻之”之“饑”則用“穀不熟”之義，其義已有别。

3. 多（侈）其台榭（《蓋盧》53）

“多”，原釋文作“名”，注釋曰：“《戰國策·秦策》注：‘大也’。”按：簡文作，上下兩部分筆勢同，與55號簡“名”字作異，當是“多”字。“多”疑讀作“侈”。“侈”以“多”爲聲，當可通假。典籍亦多相通之例，《左傳》定公十三年：“魏曼多。”《史記·魏世家》：“魏侈。”《晏子春秋·諫上》：“推侈。”《後紀》十四引《吕氏春秋》作“惟多”①。

“侈”，奢也。《説文》：“侈，掩脅也，從人多聲，一曰奢也。”《尚書·泰誓》：“惟宫殿臺榭陂池侈服。”孔穎達疏：“侈，亦奢也。”②《孔子家語·辨政》：“齊君爲國，奢乎臺榭，淫于苑囿。”《吕氏春秋·有始覽·聽言》：“大其鐘鼓，侈其臺榭苑囿。”“多（侈）其臺榭”當指其臺榭之修建過于奢侈，有違常制。

① 高亨纂著、董治安整理：《古字通假會典》，齊魯書社，1989年，第681頁。

② 宗福邦、陳世鐃、蕭海波主編：《故訓匯纂》，商務印書館，2003年，第115頁。

二、《遣策》文字考釋

1. 熏（？）熏囊一（《遣策》5）

“熏”，原釋文未釋。按：從圖版來看，該字與《馬王堆漢墓帛書·一號墓遣策》“熏”字同[1]，當是“熏”字。“熏”上一字，筆迹已然模糊，但是作爲“黑”下部的“火”還能辨認。疑亦是“熏”字。簡文作“熏（？）熏囊一”。江陵鳳凰山八號墓竹簡遣策137號簡“熏熏囊一”可參看[2]。

2. 蘿一落（《遣策》24）

“蘿”，原釋文作“藋”。按：簡文作，“艸”已然殘失，整理者當是目驗而得，此從之；“雨”下實從“雔”，字作“蘿”，當是“藋”之繁體。江陵鳳凰山八號墓竹簡遣策149號簡“蘿蘿答一”，金立先生疑“蘿”讀作“藋”，指豆葉[3]，當是。“落”與“答”字同。《字林》：“答，杯籠也。”《江陵鳳凰山一六七號墓遣策考釋》74號簡“筐答一枚”之“筐”，整理小組認爲是“萑”字，又說：“但籠中所盛與遣策不符。”[4]據《鳳凰山167號漢墓頭箱隨葬品一覽表》[5]，籠中所盛是“食品”。“筐”疑與“蘿”“藋”有關。

3. 薔部婁（簍）一（《遣策》24）

“部婁”，原注釋讀作“杯落”，取“小籠”之意。劉釗先生讀作“瓿甊”，指“小罌”[6]。可從。按：“部婁”疑與“付簍”同。“婁”“簍”俱以“婁”爲聲，可以通假。典籍從“付”之字與從“部”之字多可通用。如“府”與“蔀”，“柎”與

① 陳松長：《馬王堆簡帛文字編》，文物出版社，2001年，第14頁。

② 金立：《江陵鳳凰山八號漢墓竹簡試釋》，《文物》1976年第6期。

③ 金立：《江陵鳳凰山八號漢墓竹簡試釋》，《文物》1976年第6期。

④ 吉林大學歷史系考古專業赴紀南城開門辦學小分隊：《鳳凰山一六七號漢墓遣策考釋》，《文物》1976年第10期。

⑤ 紀南城鳳凰山一六七號漢墓發掘整理小組：《江陵鳳凰山一六七號漢墓發掘簡報》，《文物》1976年第10期。

⑥ 劉釗：《〈張家山漢墓竹簡〉釋文注釋商榷（一）》，簡帛研究網站，2002年10月18日，修改後发表于《古籍整理研究學刊》2003年第3期。

“部”，“附”與“部”等等①。故而《長沙馬王堆二、三號漢墓》遣策簡262、263、264、265有“付簍”②，當與之爲一物。

“部婁”前一字，原釋文作“著（藷）”。按：簡文作，與《繆和》43號簡、《相馬經》51號簡“蓍”字同，③字當釋作“蓍”，蓍草。多年生草本，莖、葉含芳香油，可作調香原料。《說文》：“蓍，蒿屬。”《詩經·曹風·下泉》：“浸彼苞蓍。”毛傳：“蓍，草也。”

現在看看“付簍”的辭例，《長沙馬王堆二、三號漢墓》遣策262號簡“粉付簍二”、263號簡“小付簍三、盛脂，其一盛節（櫛）”、264號簡“員（圓）付簍二，盛蘭膏”、265號簡“布付簍一，長尺一寸”。“蓍部婁”與“……付簍”文例相同。可知“付簍”或“部婁”主要用來裝“粉”“脂”“櫛”“蘭膏”和“布”等物件。簡文“蓍”當與上述“粉”“脂”“櫛”“蘭膏”等同屬小件生活物品④。現在看來，劉釗先生認爲23號簡“漿部婁”之“漿”是“湯汁”，40號簡“沐部婁”之“沐”是古人用來洗髮的米汁⑤，當是。

4. 梁（粱）米囊一（《遣策》32）

“梁”，原釋文作“粱”。按：簡文作，下部所從與同簡“米”字異，實從“禾”，當隸作“梁”。“禾”與“米”作爲偏旁義同，《說文·禾部》：“稃”字或體作“粖”。漢簡中也多見作爲偏旁的“米”與“禾”通用的例子，江陵鳳凰山168號漢墓遣策59號簡“稻穤”⑥，與之對應的實物上面的簽牌作“稻糯”，又60號簡“秶秫”，簽牌作“粢秫”⑦。“梁”可看作“粱”字或體。《集韻·陽韻》：“粱，《說文》：‘米名。’或從禾。”釋文作“梁（粱）”。

① 高亨纂著、董治安整理：《古字通假會典》，齊魯書社，1989年，第366～368頁。

② 湖南省博物館、湖南省文物考古所：《長沙馬王堆二、三號漢墓》，文物出版社，2004年，第65頁。

③ 陳松長：《馬王堆簡帛文字編》，文物出版社，2001年，第355頁。

④ 编按：劉國勝老師贊同釋“蓍”，讀爲“脂”，指面脂一類的化妝品。請參看劉國勝：《讀西漢喪葬文書札記》，《江漢考古》2011年第3期，第117頁。

⑤ 劉釗：《〈張家山漢墓竹簡〉釋文注釋商榷（一）》。

⑥ 紀南城鳳凰山一六八號漢墓發掘整理小組：《湖北江陵鳳凰山一六八號漢墓發掘簡報》，《文物》1975年第9期。

⑦ 60號簡“秶”，《江陵鳳凰山一六八號漢墓發掘簡報》所附《頭箱隨葬品一覽表》作“粢”，《鳳凰山一六七號漢墓遣策考釋》從之。按：依原圖版，此字下部從“禾”，當直接釋作“秶”。簽牌“粢”，《鳳凰山一六七號漢墓遣策考釋》直接寫作“秶”，當是筆誤。

5. 墨囊一　書一笥（《遣策》34）

“墨”，原釋文未釋。按：從圖版看，該字上部與11號簡“黑”字同，下部從“土”，當釋作“墨”。《說文》：“墨，書墨也，從土從黑。”“書”與“墨”關係密切。“墨囊”當是用來裝墨的囊。簡文“墨囊一”正好與“書一笥”連言。江陵鳳凰山168號漢墓發掘品中有一個“竹笥”，裏面伴出有“筆”“墨”“石硯”“無字簡牘”“削刀”等小件①。其中的“墨”，據整理者描述，是“五個碎塊，色純黑”，似是散裝著的。而“無字簡牘”的大小適合書寫。本簡“墨囊一”則說明用來書寫的墨塊有專門的“囊”存放。

三、《引書》文字考釋

1. 步足堂（堂）下（《引書》4）

“𡋯”，原釋文作“堂”。按：細審圖版，該字從“向”，從土，與2號簡“堂”字有別。“𡋯”當以“向”爲聲。“堂”以“尚”爲聲，而“尚”以“向”爲聲。“向”上古音屬陽部曉紐，“尚”屬陽部定紐。曉、定同屬舌紐。典籍中“向”與“尚”亦可通用。如《呂氏春秋·先識覽·處方》：“向摯。”《通鑒外紀》作“尚摯”②。“𡋯”當讀作“堂”。

2. 左右詘（屈）胻（《引書》10）

“詘”，原釋文作“屈”。按：細審圖版，該字與8號簡“詘（屈）”字同，當釋作“詘”，讀作“屈”。釋文作“詘（屈）”。

① 紀南城鳳凰山一六八號漢墓發掘整理組：《湖北江陵鳳凰山一六八號漢墓發掘簡報》，《文物》1975年第9期。

② 高亨纂著、董治安整理：《古字通假會典》，齊魯書社，1989年，第296頁。

3. 支要（腰）者[1]，以手據要（腰），撟一臂與足□而匽（偃）[2]（《引書》20）

“據”，原釋文未釋。按：此字與20、21號簡“據”字同，當是“據”字。

4. 因忍，力拘毋息（《引書》32）

“忍”，原釋文作“□也”。按：細審圖版，此處實僅一字，其上部似爲“刃”字之殘筆；其下部則與67號簡“心”字同。此疑是“忍”字。“忍”指抑制，克制。《荀子·儒效》：“志忍私，然後能公，行忍性情，然後能修。”“拘”，指拘攣不能伸直。《素問·生氣通天論》：“緛短爲拘，弛張爲痿。”[3]“因忍，力拘毋息”指接著克制（難受），用力拘攣屏住氣息。

5. 以兩手據兩顫，尚（上）無（撫）産（顔）而上下榣（搖）之（《引書》34）

“顫”，原釋文作“簟”，指竹席。按：據圖版，該字上部不從“竹”，右部則從“頁”字，與81、90、97號簡的“顫”字同。

高大倫先生將81、90號簡的該字釋作“顫（？）”[4]。看來對此字有過懷疑。其實81、90、97號簡的“顫”[5]，其左部與105號簡“亶”字、《二年律令》482號簡“亶”字作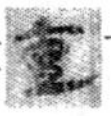下部所從的“旦”字，的確略有區別（後者是“日”下作一長横，前者則在此基礎上有一竪貫穿長横而與“日”連接）。古文字中的“旦”，是從日，丁聲的。此處4例“顫”字部分構件當猶存古意。至於竪貫穿横，疑與漢簡筆劃自身隨意性有關。《張家山漢墓竹簡［二四七號墓］》直接釋寫81、90、97號簡的“顫”字，估計已經考慮到此。

① “要（腰）”，原疑釋“落”，此从陳斯鵬先生釋（參看陳斯鵬：《張家山漢簡〈引書〉釋文注釋商補》，http://www.jianbo.org/Wssf/2002/chensipeng02.htm）。

② “匽”，原釋文作“屈（？）”，此從劉釗先生釋（參看劉釗：《〈張家山漢墓竹簡〉釋文注釋商榷（一）》）。

③ 漢語大字典編輯委員會：《漢語大字典（縮印本）》，湖北辭書出版社、四川辭書出版社，1992年，第950、778頁。

④ 高大倫：《張家山漢簡〈引書〉研究》，巴蜀書社，1995年，第153、158頁。

⑤ 97號簡“日”多一横。而漢簡中多一横少一横其實是比較常見的，如《算數書》146號簡的“自”、64“息”就少一横，而《算數書》11號簡的“百”字就多一横。

簡文“以兩手據兩顫”與81號簡“左手據右顫（顫）之發”文例同。可證釋“顫”不誤。

“顫”，高大倫先生讀如本字，曰：“《說文·頁部》：‘顫，頭不正也。’本與頭有關，此處指頭側。”又譯作“臉頰”①。《張家山漢墓竹簡［二四七號墓］》則在注釋中讀作“顚”，引《說文》：“顚，顛頂也。”②此處從後者。

6. 舉之不鈞，指端浸（浸）浸（浸）善畀（痹）（《引書》48）

“鈞”，原釋文作“鈐〈鈞〉”。劉釗先生說：“按釋文所謂‘鈐’字本形就是‘鈞’，並非‘鈐’字之誤。”③按：此字與40號簡“鈞”有別，右部所從似更接近於53號簡的“勿”字，當是筆劃過於舒展所致，此處仍釋作“鈞”爲宜。

“浸（浸）浸（浸）”，原釋文作“湍〈浸〉湍〈浸〉”。劉釗先生說：“又所謂‘湍’字本形就是‘浸’字，並非‘湍’字誤爲‘浸’。”④按：劉說指出該字並非“浸”之訛字，可從。但其本形却非“浸”。此字右部與《二年律令》40號簡“婦”字作、245號簡“侵”字作之右部同，字似可釋作“浸”或“浸”。但我們提到的釋作“侵”的，其實並非嚴格隸定。“侵”的說文小篆作“㑴”。《說文·人部》：“㑴，漸進也，從人又持帚”。故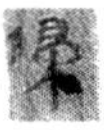嚴格隸定當作“㑴”，讀作“侵”。整理者釋讀33號簡的“浸”字、《蓋盧》2號簡的“浸（浸）”字、《脉書》12號簡“㾮（寑）”，其實是比較恰當。整理者將本簡的“浸”字隸定作“湍”，並認爲是“浸”的訛字，大概是受了同簡“端”字的影響（漢簡中從“耑”與從“帚”的字區分是比較清楚的，此不贅述）。要之，字當釋作“浸（浸）”。

7. 信（伸）臂，以力引心（《引書》68）

“心”，原釋文作“之”。按：此字與同簡“之”字異，而與67號簡“心”字同，當是“心”字。

---

① 高大倫：《張家山漢簡〈引書〉研究》，巴蜀書社，1995年，第153、159頁。

② 張家山二四七號漢墓竹簡整理小組：《張家山漢墓竹簡［二四七號墓］》，文物出版社，2011年，第296頁。

③ 劉釗：《〈張家山漢墓竹簡〉釋文注釋商榷（一）》。

④ 劉釗：《〈張家山漢墓竹簡〉釋文注釋商榷（一）》。

8. 兩手絇（鉤）兩股而力引，極之（《引書》76）

“力引，極之”，原釋文作“力引之，極之”。按：依圖版，“力引”後無“之”字。

9. 附脉（《引書》92～93）

“附”，原釋文直接釋作“胕”。高大倫先生釋作“胕（附）”[①]。按：該字與48號簡“胕”字異。其左部與同簡“脉”字左部異，而與“陽”字左部同。此字不從“肉”，實從“阜”。字當釋作“附”。《二年律令》27號簡的所謂的“决”字，亦當從“阜”，釋作“陕（决）”。

10. 苦頤及顏（顏）痛（《引書》97）

“頤”，原釋文作“頯（？）”。按：此字作，與94號簡“頤”字作同，與《二年律令》30號簡“頯”字作異。字當釋作“頤”。

11. 信（伸）以利肩絵（錦）（《引書》100）

“信（伸）”，原釋文作“倍”。按：該字也見於《引書》21、23號簡，與《蓋盧》11、16、17等號簡“倍”字有異。《引書》21、23號簡的“倍”，陳斯鵬先生改釋作“信（伸）”[②]，可從。此亦當是“信”字，讀作“伸”。

12. 故多病而昜〈易〉死（《引書》106）

“昜”，原釋文作“易”。按：據圖版，此字與11、107號簡“陽”字左部同。比《銀雀山漢墓竹簡》3號簡“易”字多一橫[③]，當是“昜”字。

① 高大倫：《張家山漢簡〈引書〉研究》，巴蜀書社，1995年，第159頁。

② 陳斯鵬：第二字釋“倍”非是，字從人從言，顯爲“信”字無疑。秦漢簡帛中“言”有時寫得有點像“音”，其區別在中部：前者是一橫，後者是兩斜筆，判然不混。（參見陳斯鵬：《張家山漢簡〈引書〉釋文注釋商補》，http://www.jianbo.org/Wssf/2002/chensipeng02.htm）

③ 參見駢宇騫編著：《銀雀山漢簡文字編》，文物出版社，2001年，第321頁。

在出土的漢代文獻裏，昜、易作爲偏旁常混用。如《陰陽五行》乙篇63號簡“衆生爲賜予”、《稱》158號簡“得焉者不受其賜”之“賜”，原文均寫作從貝從昜；《戰國縱横家書》40號簡“臣受賜矣”之“賜”，原文則從貝從易。《易·幹·九三》：“君子終日幹幹，夕惕若。”漢帛書本惕作湯等等。

簡文“昜”當讀作“易”，釋文作“昜〈易〉”。

四、《脈書》文字考釋

1. 爲血叚（瘕）肘（疛）（《脈書》7）

“血叚（瘕）。肘（疛）”，原釋文作“血叚（瘕）殹。肘（疛）”。

按：圖版無“殹”字。考察本簡前後文例，前有：5號簡“爲火疢”、6號簡“爲上氣咳（咳）”、7號簡“爲牡叚（瘕）”，後有：7號簡“氣叚（瘕）殹”、8號簡“爲唐（溏）叚（瘕）”等等。有“殹”無“殹”其實並無一定之規律。此處可不補“殹”。

2. 爲塞〈寒〉中。在腸……爲塞〈寒〉中（《脈書》9）

身塞〈寒〉熱（《脈書》15）

9號簡的第二個“塞〈寒〉”，原釋文作“塞”。15號簡的“塞〈寒〉”，原釋文作“寒”。

按：依圖版，兩字都是“塞”字。據文意則是“寒”的訛字。形近訛誤。釋文宜作“塞〈寒〉”。9號簡第一例以及21、24號簡“塞〈寒〉”字可證。

3. 目賑如無見（《脈書》40）

“賑”，原釋文作“睆”。注釋曰：“目睆如無見，《甲本》作‘目瞙如毋見’，《乙本》作‘目芒然無見’。目睆，玉篇：‘目不明。’”①

按：“賑”以“㐬”爲聲。從“㐬”的字，如“毓”屬覺部喻紐，“流”屬幽部

① 張家山二四七號漢墓竹簡整理小組：《張家山漢墓竹簡［二四七號墓］》，文物出版社，2001年，第241、242頁。

來紐。而《廣韵》："瞙，慕各切，入鐸明。""瞙"屬鐸部明紐。"芒"屬陽部明紐。"瞙""芒"音近。"睆"與"瞙""芒"音相差甚遠。與"瞙""芒"對應的字疑非"睆"字。

細審圖版，我們可發現此字右部從"㐬"，與51、55號簡"流"字所從"㐬"有別。字當作"𥆧"。《玉篇·目部》："𥆧，目不明。"《集韵·唐韵》："𥆧，目不明也。""𥆧"以"㐬"爲聲，"㐬"以"亡"爲聲，當與"瞙""芒"音近。而《玉篇·目部》："瞙，《字統》云：目不明。"是"𥆧"與"瞙"音義皆同。《素問·藏氣法時論》："虛則目𥆧𥆧無所見，耳無所聞。"正可與簡文參讀。原釋文與注釋作"睆"疑屬排版之誤。要之，此字當釋作"𥆧"。

4. 少陰之脈（脉）主治（《脈書》41）

"脈"，原釋文作"脉"。

按：細審圖版，此字不是從"肉"，而是從"目"，與27號簡"脉"字異。此字當隸定作"脈"。"肉""目"形近易訛。如54號簡"脉"所從"肉"字下端，就有閉合的趨勢。簡文"脈"當是"脉"之訛。

5. 勭（動）者實四支（肢）而虛五臧（臟）（《脈書》52～53）

"者"，原釋文作"則"。

按：據圖版，當是"者"字。

6. 春秋必滔，不滔則脉闌（爛）而肉死（《脈書》53）

"滔"，原釋文僅作摹寫。

按：細審圖版，此字右旁與《遣策》10號簡"稻"所從"舀"形近。此字疑是"滔"。《淮南子·詮言》："自身以上，至於荒芒爾遠矣；自死而天下無窮爾滔矣。"高誘注："滔，曼長也。""春秋必滔，不滔則脉闌（爛）而肉死"，當指乘車食肉者，（若有足够的運動就）活得比較長。否則，就會因爲缺乏運動而出現"脉闌（爛）而肉死"的慘況。

7. 其餘（餘）謹視當脉之過（《脈書》64～65）

"視當"，原釋文作"當視"。

按：細審圖版，此處作“視當”，疑排版時致誤。釋文作“其餘謹視當脉之過”。《素問·靈樞經》：“不用氣盛，有餘則當脉所過者。”

五、《算數書》文字考釋

1. 乘牛〈半〉（《算數書》4）

“牛”，原釋文作“半”。

按：細審圖版，此字上部不從“八”，與8號簡等處的“半”字異，是“牛”字。《說文》：“牛，物中分也，從八從牛。”“牛”字無說。“牛”字當是“半”之訛字。

2. 下【有】三分，以一爲六，即因而六，人以爲法（《算數書》24）

“即因而六，人以爲法”。原釋文作“即因而六人【數】以爲法”，“六人”連讀，並在“人”字補一“數”字。彭浩先生釋作“即因而六人以爲法”，注曰：“人後脫‘數’字。”[①]

按：細審圖版，“六”與“人”之間實有一墨鈎，則“六”與“人”不當連讀。“六”屬上讀，“人”屬下讀。釋文作“即因而六，人以爲法”。

3. ·今有贏（盈）四錢[②]，欲以錢數褭〈衰〉分之（《算數書》32）

“褭”，原釋文作“衰”，注釋曰：“衰，《國語·齊語》注：‘差也。’衰分，按一定的差率進行分配。

按：細審圖版，我們可以發現此字中部從“馬”，當是“褭”字。“褭分”無說。“褭”當是“衰”之訛字。

4. 次二尺五寸六十二分寸五十（《算數書》41）

“二”，原釋文作“一〈二〉”。彭浩先生釋作“次一尺五寸六十二分寸

---

① 彭浩：《張家山漢簡〈算數書〉注釋》，科學出版社，2001年，第46、47頁。

② “贏（盈）”，原釋文作“贏”。按：136、139號簡皆作“贏（盈）”，此從之。

五十”，注曰：“據題意計算，‘一尺’之‘一’是‘二’之訛。”①

按：細審圖版，此字離編繩尚有距離，所謂的“一”字上面實有一橫。字本是“二”。

5.並租　禾三步一斗，麥四步一斗，荅五步一斗，今並之租一石，問租幾何。得曰：禾租四斗卌七分【斗】十二，麥租三斗【卌七】分【斗】九，荅租二斗【卌七】分【斗】廿六。术（術）曰：直（置）禾三步、麥四步、荅五步，令禾乘麥爲荅實，荅乘禾爲麥實，【麥乘荅爲禾實】，各□直（置）之以一石各乘之【禾、麥、荅】爲實，卌七爲法而一斗。（《算數書》43～45）

“四步”上一字原釋文作“吏〈麥〉”，彭浩先生釋作“吏四步”，注曰：“據題意，‘吏’系‘麥’之誤。”②今從字形來看，原釋文所謂的“吏”字，中間的“口”沒封閉，實作四短橫略下垂平均分布在竪筆的兩端，即來字，下部作“夂”。字與43號簡的“麥”字形同。與《二年律令》76號簡“吏”字實有別。字當是“麥”字。

“以一石各乘之【禾麥荅】爲實”一句，其中“實”上四字，整理者釋作“禾麥荅爲”③，按：“實”上三字依次分別作、、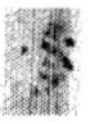，同算題中第44號簡禾、麥、荅依次分別作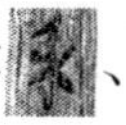、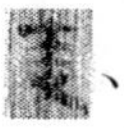、，“實”上三字與之形同，當釋作禾、麥、荅。“禾麥荅實”，可分別對應算題提及的“荅實”“麥實”。算題中未提及“禾實”，整理者補“麥乘荅爲禾實”。當是。

我們注意到禾實爲麥四步乘荅五步，得二十平方步，依次可推知麥實爲十五平方步，而荅實爲十二平方步，合並計算剛好是卌七平方步。“禾麥荅實”前一字，原釋文未釋，簡文作，與張家山漢簡單《算數書》“並”字作（42號簡）、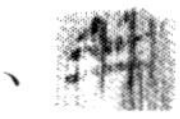（43號簡）形近，疑是“並”，指合並。《楚辭·七諫·自悲》：“冰炭不可以相並兮。”王逸注：“並，併也。”“並……爲法”連讀，例見下列文句：

曰：以粟爲六斗，米爲十斗，麥爲六斗〖大半〗☑155（0902）有（又）置粟六斗，米十斗，麥六斗大半斗，亦令各以一爲六，已，乃並粟米

① 彭浩：《張家山漢簡〈算數書〉注釋》，科學出版社，2001年，第56頁。

② 彭浩：《張家山漢簡〈算數書〉注釋》，科學出版社，2001年，第58頁。

③ 張家山二四七號漢墓竹簡整理小組：《張家山漢墓竹簡［二四七號墓］》，文物出版社，2001年，第255頁；張家山二四七號漢墓竹簡整理小組：《張家山漢墓竹簡［二四七號墓］（釋文修訂本）》，文物出版社，2006年，第138頁。

麥，凡卅斗，以物乘之，如法得一斗，不盈156（1715）斗者以法命之。157（1710）（嶽麓秦簡《數》）

方田　田一畝方幾何步。曰：方十五步卅一分步十五。术（術）曰：方十五步不足十五步，方十六步有徐（餘）十六步。曰：並贏（盈）、不足以爲法，不足子乘贏（盈）母，贏（盈）子乘不足母，並以爲實。復之如啓廣之术（術）。（張家山漢簡《算數書》185、186）

羽矢　程：一人一日爲矢卅、羽矢廿。今欲令一人爲矢且羽之。一日爲幾何。曰：爲十二。术（術）曰：並矢、羽以爲法，以矢、羽相乘爲實。（張家山漢簡《算數書》131）

此處可斷句作“以一石各乘之，並禾麥荅實卌七爲法而一斗”。

6. 廣、從（縱）相乘爲實（《算數書》62）

“廣、從（縱）”，原釋文作“廣從〈袤〉”。彭浩先生釋作“廣從”，注曰：“從，疑爲‘袤’之誤。”①

按：“從”當讀作“縱”。釋文作“廣、從（縱）”。163號簡“節（即）以廣、從（縱）相乘”可證。

7. 三百卌三，八分簡一（《算數書》71）

“卌”，原釋文作“三百廿〈卌〉三【簡】八分簡一”。彭浩先生釋作“廿”，注曰：“據計算，‘廿’是‘四十’之誤；‘三百廿三’後脱‘簡’字”②。

按：據圖版，原釋文所謂的“廿”字，上部横筆上實有三短竪，另有一竪筆劃略脱落，但猶可辨識。此當是“卌”字。“三”後有一墨鈎，當是書寫者有意來斷開“三”“八”這兩個不當連讀的數字的數字，“簡”字自然就省略掉了。這樣就與70號簡“二百五簡八分簡七”用“簡”字來隔開兩個不當連讀的數字（“五”與“八”）的用義相同。

8. 醫治病者得六十筭（算）而負廿筭（算）有□程及弗（《算數書》72）

“而”“負”“有”“及”四字，原釋文未釋。

---

① 彭浩：《張家山漢簡〈算數書〉注釋》，科學出版社，2001年，第67頁。

② 彭浩：《張家山漢簡〈算數書〉注釋》，科學出版社，2001年，第72頁。

按：從圖版來看，“而”字殘上部，與73號簡“而”字上部同。“負”字下部則與73號簡“負”字下部形同。此兩字釋作“而負”。“而負廿筭（算）”，與73號簡“而負幾何”文例相同。“有”則可與74號簡“有”字形同。“及”字圖版比較清楚。

9. 三鹽之數以爲法亦三，一石之升數，以錢數乘之爲實（《算數書》77）

“三，一”，原釋文作“三一”。

按：細審圖版，“三”與“一”之間有一墨鈎明顯。“三”與“一”當斷開。“三”屬上讀，“一”屬下讀。漢簡中用義不同的兩個數字連續書寫的時候，一般會有墨鈎來標識，如140號簡“二、三”，“二”與“三”之間亦用墨鈎來斷開。

10. 一百半周徑□□（《算數書》152）

“周”，原釋文作“問（？）”。

按：細審圖版，該字下部從“口”明顯，上部與43、46號簡“問”所從“門”有別，中部作一竪筆，與151號簡“周”字上部情形相同。當是“周”字。

11. 九十二步之百卌〈廿〉一（《算數書》172～173）

“之”，原釋文作“五〈一〉”。彭浩先生釋作“五”，以爲“一”之誤寫[①]。

按：細審圖版，字與168、169號簡的“之”字形近，當釋作“之”。釋文作“九十二步之百卌〈廿〉一”，與168號簡“百卅步有（又）十一分步之十”文例同。

附记：本節内容，第5部分5条見於《讀秦漢簡札記二则》，《中國文字研究》第24輯，上海書店出版社，2016年。其餘諸條見於《張家山漢簡釋文與注釋商補》（簡帛研究網，2004年12月，http：//www.jianbo.org/admin3/html/heyouzhu07.htm），修改後分别題作《張家山漢簡〈脉書〉、〈算數書〉札記》（《江漢考古》2007年第2期）、《張家山漢簡校釋札記》（《楚簡楚文化與先秦歷史文化國際學術研討會論文集》，2013年）。

---

① 彭浩：《張家山漢簡〈算數書〉注釋》，科學出版社，2001年，第117～121頁。

第二章　湖北出土漢簡考釋（下）

本章分三節對荊州高臺M46西漢木牘、云夢睡虎地M77漢簡、隨州孔家坡漢簡文本進行解讀。

第一節　荊州高臺M46西漢木牘考釋

《江漢考古》2014年第5期刊載《荊州高臺墓地M46發掘簡報》一文，介紹了該墓出土9件木牘的形制和初步釋文，並配有圖版。這9枚牘中第3枚無字、第6枚字迹極爲模糊，已不可辨，整理者懷疑可與第8、9枚綴合。整理者還分析墓葬年代應爲西漢早期後段，即元狩五年（公元前 118 年）以前的武帝初年[①]。我們學習之後有一些想法，今結合時賢觀點進一步討論，希望能大致讀通荊州高臺46號西漢墓木牘。

一

越伯穜（種）馬，父老資馬月十八，沽三斗。父老八人人$_{\mathrm{I}}$五錢，亦馬、沽。·穜（種）錢已。$_{\mathrm{II}\ 12\text{-}1}$

越伯穜（種）馬。越伯，人名，在簡文中提供配種的種馬。“穜（種）”，本牘二見，原釋文直接寫作“種”。馬，本牘三見，整理者作“馬（？）”。今按：釋“馬”當是。種馬，指專供繁殖的馬。《周禮·夏官·校人》：“種馬一物。”鄭玄注：“種，謂上善似母者。”文獻記載季春之月給牛馬配種，如《禮記·月令》“（季春之月）是月也，乃合纍牛騰馬，游牝于牧，犧牲駒犢，舉書其數。”《呂氏春秋·季春紀》“是月也，乃合纍牛騰馬，游牝于牧，犧牲駒犢，舉書其數。”高誘注：“纍牛，父牛也。騰馬，父馬也。皆將群游從牝于牧之野風合之。” 此處所見鄉里“父老”聯合給馬配種，似正當季春之月，即農曆三月。

資馬，原釋文作“賓（？）馬（？）”。我們曾改釋作“黃馬”，此承趙曉斌先

① 荊州博物館：《荊州高臺墓地M46發掘簡報》，《江漢考古》2014年第5期。

生示知。資，可指供給、給與。

月十八，沽三斗，月，我們曾改釋作肉，在文意上仍難貫通，此當從原釋文。沽，原釋文二見，作“泔”。沽，買也。《論語·鄉黨》“沽酒市脯不食。”陸德明釋文：“沽，買也。”三斗，原釋文作“二斗”。沽三斗，即沽酒三斗，指買酒三斗。沽酒，文獻也作酤酒，如《墨子·非儒下》：“號人衣以酤酒，孔丘不問酒之所由來而飲。”《淮南子·說林訓》：“酤酒而酸，買肉而臭。”趙曉斌先生指出配馬種需支付一定報酬，每月要付18個錢的現金，另外再沽酒三斗[①]。此說似可從。簡文提及每月配種錢18，沽酒3斗，而總費用爲40錢，據此推知每斗酒的價格。不過“月十八”在理解上仍有幾種考慮，帶來的酒價隨之也有幾種可能。如只需1月時間配種，則酒錢爲每斗71/3錢。如果需2月時間配種，按是一次性提供酒還是每月都提供酒可分爲兩種可能，其一，如是一次性提供酒3斗，則每斗酒錢爲11/3錢，其二如每月都提供3斗酒，則酒錢爲2/3錢。至於需3月時間配種的可能，僅配種就需54錢，已然超過40錢的總數，故可不予考慮。至此簡文所提及的酒3斗，每斗的酒價有71/3錢、11/3錢、2/3錢這三種可能。王佳先生曾分析了里耶秦簡所記載的“出賣祠窖餘徹酒”類簡牘，認爲在秦始皇三十二年（公元前215年），遷陵地區一斗酒約值0.67錢。在秦始皇三十五年（公元前212年），遷陵地區一斗酒值2錢[②]。這是秦代祭祀後的酒進一步處理的價格，大概是低於市價的，而沒有用於祭祀的酒的價格恐怕應該高於這一價格。漢代的酒價如何呢？《漢書·昭帝紀》：“秋七月，罷榷酤官，令民得以律占租，賣酒升四錢。”漢昭帝時酒價如以斗爲單位來計算，則是每斗40錢。而《九章算術》卷十“盈不足”：“醇酒一斗，值錢五十，行酒一斗，值錢一十。”則有兩種酒，醇酒一斗是50錢，行酒一斗是10錢。這些是漢代酒價方面的零星記載。據此似可加强我們之前對里耶秦簡所見一斗酒的酒價僅爲0.67錢或2錢，應是由於祭祀後被處理的酒，其價格低於市價的判斷。再回過來對我們根據高臺漢牘所推測出來的三種酒價，即每斗的酒價有71/3錢、11/3錢、2/3錢三種可能，其中後二種，價格過低，而第一種則頗有可能。總的來說，高臺漢牘所反映的武帝初年江陵地區的酒價每斗曾是71/3錢，略接近《九章算術》所記載的“行酒”的價格。這似與鄉里間對酒的質量並無過高要求相適應。

父老八人人五錢，亦馬、沽。配種所需費用包含種馬費用以及沽酒費用，總計四十錢，父老八人分攤，每人各出五錢。

① 予一古人：《荊州高臺46號西漢墓木牘M46：12-1臆解》，簡帛論壇“簡帛研讀”板塊，2014年11月10日，http://www.bsm.org.cn/bbs/read.php?tid=3211。

② 王佳：《出土文獻所見秦物價考》（待刊稿）。編按：王佳先生文章修改後題作《里耶秦簡所見遷陵地區物價研究》，發表於《江漢論壇》2015年第10期。

已，原釋文未釋。種錢已，即給馬配種的錢已經支付。“種錢已”三字筆迹與本牘前面內容的筆迹相同，當是一人書寫。

總的來看，本牘所記內容簡單，多有省略，且不記年日月，未交代記錄人的姓名及職務。當是鄉里父老給馬配種的簡單的費用清單，與秦漢簡所見公文書仍有相當距離。

二

五月，堵計重錢千三百一十一、輕錢千八百一十二。12-2

寸木先生認爲：“《說文》：‘堵，垣也。’此牘文記錄的是將與‘堵’（墻垣）有關的錢幣按重錢、輕錢分別統計。可能該墻垣爲鄉、里公有，需核實收取錢幣的品質情况以保證此項資金足值。”[①]范常喜先生認爲，“堵計”“者凡”中的“堵”和“者”均當讀作“都”[②]。有學者指出，12-2、12-4中的“堵”“池”“穿”猜想可能與《九章算術·商功》中“斬堵”“曲池”“穿地”“穿渠”一類土建工程及體積的叙述有關，計算勞力工作量進而計算薪酬。張家山漢簡《算數書》、嶽麓秦簡《數》均有這類立體體積計算。《算數書》中“斬堵”作“斬都”[③]。

范常喜先生認爲12-2“堵計”之“堵”當讀作“都”，凡也[④]。袁金平先生也指出，此處“堵”似應讀爲“都”，總也。“都計”即“總計”“共計”[⑤]。

今按：睡虎地秦簡《秦律十八種·徭律》116～117號簡：“興徒以爲邑中之紅（功）者，令結（嫴）堵卒歲。未卒堵壞，司空將紅（功）及君子主堵者有辠（罪），令其徒復垣之，勿計爲䌛（徭）。”《秦律雜抄》簡40：“戍者城及補城，令姑（嫴）堵一歲，所城有壞者，縣司空署君子將者，貲各一甲。”此二處所見“堵”皆用作名詞，指墻垣。本牘釋文斷句改作“五月堵，計重錢千三百一十一，輕錢千八百一十二”。大意是五月份所修補墻垣，花費計重錢1311錢，輕錢1812錢。

---

① 寸木：《荊州高臺46號西漢墓木牘補釋二則》，簡帛網，2014年11月10日。

② 范常喜：《荊州高臺46號西漢墓木牘短札一則》，簡帛網，2014年11月10日。

③ 石臞小崽：《對荊州高臺46號西漢墓木牘與算術有關內容的猜想》，簡帛論壇“簡帛研讀”板塊，2014年11月13日，http://www.bsm.org.cn/bbs/read.php?tid=3212。

④ 范常喜：《荊州高臺46號西漢墓木牘短札一則》，簡帛網，2014年11月10日。

⑤ 袁金平：《荊州高臺西漢墓木牘M46：12-2所謂“堵計”》，簡帛論壇“簡帛研讀”板塊，2014年11月10日，http://www.bsm.org.cn/bbs/read.php?tid=3207。

三

池□錢百卅五。A Ⅰ

雇八月、九月子錢八十。A Ⅱ

雇葬錢卌五。A Ⅲ

·余十錢以雇穿錢，不足六。B Ⅰ

·舂錢四未雇，與穿錢不足六B Ⅱ者，凡【錢不足十】·亭瓦計。B Ⅲ 12-4

“池”下一字下從子，字待考。從上下文看，開頭所提及135錢，是以下所見各項開支的來源，可知這裏所提的“池□錢”當是某種收入。《二年律令》429、430“租、質、户賦、園池入錢，縣道官勿敢擅用，三月壹上見金、錢數二千石官，二千石官上丞相、御史”。其中提及“池”等入錢，官府不能擅用，需要上交至中央。本牘下所見各項開支如穿錢、舂錢、子錢，當是維繫“池”日常運作所需，並非擅用可知。

雇，本牘三見，原釋文皆未釋。我們在初稿中指出“雇”指出錢請人做事。趙曉斌先生以爲意猶未盡，此字應爲“支付款項”之意，具體釋爲何字，待考[①]。其實“雇”有付報酬之意，如《後漢書·宦者傳》：“黄門常侍輒令譴呵不中者，因强折賤買，十分雇一。”李賢注：“雇謂酬其價也。”《後漢書·南匈奴傳》：“其勑度遼及領中郎將龐奮倍雇南部所得生□，以還北虜。”牘文中“雇”字下所接賓語分别是子錢、葬錢、穿池之錢、舂錢，“雇”取支付之意應是妥當的。

子錢，趙曉斌先生指借貸利息，可參《史記·貨殖列傳》。八月、九月的子錢，共80錢。這是支出費用[②]。當是。

餘十錢以雇穿錢，不足六，可知穿錢需16錢。穿，本牘二見，原釋文皆未釋。穿，似指挖掘、開鑿。《禮記·月令》：“（仲秋之月）可以築城郭，建都邑，穿竇窖，修囷倉。”張家山漢簡《二年律令》413號簡有“除道橋，穿波（陂）池”。

舂，原釋文未釋。未，原釋文作“米”，趙曉斌先生指出文意不通，當釋

① 予一古人：《荊州高臺46號西漢墓木牘M46：12-4臆解》，簡帛論壇“簡帛研讀”板塊，2014年11月14日，http://www.bsm.org.cn/bbs/read.php?tid=3213。

② 予一古人：《荊州高臺46號西漢墓木牘M46：12-4臆解》簡帛論壇“簡帛研讀”板塊，2014年11月14日，http://www.bsm.org.cn/bbs/read.php?tid=3213。

“未”。“春錢”這筆款項尚未支付[①]。此說可從。春錢當爲4錢。

計，原釋文作“錢”。“計”上一字原釋文作“瓦”，我們曾在初稿中指出也有可能是“耳”字，現在看來釋作“瓦”的可能性更大，在這裏用作人名。這裏作“亭瓦計”，“亭某”之表述也見於漢簡，如張家山漢簡《奏讞書》100號簡“亭慶以書言雍廷”，原注釋曰：“亭慶，當系市亭負責人。”此當是亭瓦簽名確認帳簿。

春錢四未雇，與穿錢不足六者凡，凡下一字疑是錢。牘文中所提開支有子錢、葬錢、穿池之錢、春錢，共需145錢，而開頭記載只有135錢可供開支，所以將有10錢的缺口。“錢”下筆迹模糊，仍可辨有三字，當一起表示不足的具體錢數。結合殘筆，並參牘文中“錢百卅五”“穿錢不足六”以及12-5“錢千六百八十，不足三百廿”“錢多十六”等表示“錢”的具體文例，可知“錢”下可補“不足十”。此牘第二欄第二、三列可作：“·春錢四未雇，與穿錢不足六者，凡錢不足十。·亭瓦計。”對於“……者，凡……”，范常喜先生認爲“者”當讀作“都”，凡也[②]。今按：“者”字前的內容爲列舉，而“凡”字後爲總結性語句。者、凡二字連用見於以下文獻：

《史記·外戚世家》：“薄氏侯者凡一人。”

《史記·衛將軍驃騎列傳》：“其校吏有功爲侯者凡六人，而後爲將軍二人。”

《漢書·張湯傳》：“及禹誅滅，而安世子孫相繼，自宣、元以來爲侍中、中常侍、諸曹散騎、列校尉者凡十餘人。”

《漢書·趙充國傳》：“羌虜瓦解，前後降者萬七百餘人，及受言去者凡七十輩。”

《漢書·外戚傳上》：“長子高爲樂陵侯，曾爲將陵侯，玄爲平臺侯，及高子丹以功德封武陽侯，侯者凡四人。”

《後漢書·李固傳》：“或富室財賂，或子婿婚屬，其列在官牒者凡四十九人。”

用法與本牘大致相近。出土里耶秦簡中有大量“凡”的用例，如：

遷陵已計：卅四年餘見弩臂百六十九。Ⅰ　·凡百六十九。Ⅱ出弩臂四輸益陽。Ⅲ出弩臂三輸臨沅。Ⅳ　·凡出七。Ⅴ今九月見弩臂百六十二。Ⅵ8-151

田課志。AⅠ鬃園課。AⅡ　·凡一課。BⅠ8-383+8-484

---

① 予一古人：《荊州高臺46號西漢墓木牘M46：12-4臆解》簡帛論壇“簡帛研讀”板塊，2014年11月14日，http://www.bsm.org.cn/bbs/read.php?tid=3213。

② 范常喜：《荊州高臺46號西漢墓木牘短札一則》，簡帛網，2014年11月10日。

上揭用例多在列舉若干事項後，用“凡”總結。“凡”前用“·”標注出來，與前述列舉內容存在一定空白間隔。至於本簡“·春錢四未雇，與穿錢不足六者，凡錢不足十。”“凡”前並沒有用“·”，也沒有用空格來加以區隔，而是用“者”來表達相同的用法。當然，這也許與開頭已有“·”有關，此處不用“·”以避其重復有關。

四

【費二千】。Ⅰ

□里五十三家，西里卅一家，凡八十四家，家廿錢，錢千六百八十，Ⅱ【不】足三百廿，復以家數出，家四錢，錢多十六。Ⅲ

□里出千二百七十二。Ⅳ西里出七百卌四。Ⅴ12-5

費，原釋文未釋。費，費用。《墨子·貴義》：“吾取飾車食馬之費與綉衣之財以畜士。”《漢書·食貨志下》：“是歲費凡百餘鉅萬。”《二年律令》410號簡“縣道官敢擅壞更官府寺舍者，罰金四兩，以其費負之”。大意是縣道官如果擅自毀壞變更官府寺舍，罰金四兩，並用其官費負擔維修費用。

從本牘內容看，Ⅱ、Ⅲ列是兩次攤派費用共計2016錢，而Ⅳ、Ⅴ二列是二里實際分別出錢多少，二里的出錢總數剛好是1272加上744等于2016錢。第Ⅲ列所說“錢多十六”，則是說實際收錢比原定收錢數目多了16錢，換言之，原定收錢數目爲2000錢。再看Ⅰ列“費”後殘存若干字，最末一字殘筆看似“十”，其下無“六”，也即“費”下所列並非2016錢，而是原定收錢數2000錢。據此可初步推斷“費”下應有數目“二千”，最末的“十”應是“千”字殘筆。“費”“千”之間僅容一字，從筆迹看當是“二”字。本牘開頭可補釋作“費二千”。

本牘所收“費”原定爲二千錢，但實際所收“費”爲2016錢。開支用途不是太清楚。需要注意的是，該“費”的徵收以家爲單位。秦漢徵收賦稅通常以户爲單位，如里耶秦簡8-518號簡：

> 卅四年，啓陵鄉見户、當出户賦者志：☑
> 見户廿八户，當出繭十斤八兩。☑

記載了秦始皇34年遷陵縣啓陵鄉以户爲單位徵收賦實物“繭”。而里耶秦簡8-1165號簡：

户芻錢六十四。 卅五年。☑

秦始皇34年遷陵縣啓陵鄉以户爲單位徵收芻錢。又如張家山漢簡《二年律令》255號簡：

卿以下，五月户出賦十六錢，十月户出芻一石，足其縣用，餘以入頃芻律入錢。

記載了賦、芻二種賦稅交納的具體時間，皆以户爲單位。

出現徵收方式的差别，其原因可能是本牘所見“費”的徵收只是鄉里簡單的記帳本，所收費不如賦稅計錄那樣需要上呈有關，也可能與西漢初期家、户的規模上接近有關，還可能是所收費與二里各家有關，適合以家爲單位徵收。

五

郭（椁）：袤成中丈六尺五寸、廣丈、高六尺五寸。12-7

“郭”“袤”二字，原釋文未釋。此從寸木先生釋[①]。寸木先生引到荊州謝家橋1號西漢墓出土的1枚竹簡：“便郭（椁）具室一，厚尺一寸，廣丈一尺，袤丈八尺。”我們注意到“袤”“丈”之間並無其他字。本牘“袤”“丈”之間的“成中”含義爲何，尚待考。

六

亭□ 徐（？）伏廟12-9+12-8

整理者指出6、8、9號簡可綴合，今按：8、9號簡茬口、紋路皆吻合，確可拼合。至於6號簡上下兩端都有較多的完好部位，其簡側部似完好，是否可與8+9號簡拼合，尚存疑問。

“亭”下一字，原釋文作“下”，今存疑。

徐（？）伏，原釋文未釋。這裏用作人名。徐（？）伏廟，似指徐（？）伏之

① 寸木：《荊州高臺46號西漢墓木牘補釋二則》，簡帛網，2014年11月10日。

廟。廟，《說文·广部》：“尊先祖皃也。”段玉裁注：“古者廟以祀先祖，凡神不爲廟也。爲神立廟者，始三代以後。”田天先生對秦漢祭祀體系有比較精到的研究，認爲先秦“廟”是用來祭祀祖宗的地方，秦與西漢的“廟”在大多數情況下也指宗廟，也可作爲一般祭祀場所的通稱。秦漢時代的“祠”是對祭祀建築最爲寬泛的稱呼，沒有嚴格等級規定。上至國家祭天專用的畤，下至民間自發所立之凡人祭祀，都可通稱爲“祠”①。這些論斷頗有啓發意義。我們也注意到，漢代已開始爲有功於民的去世官吏立廟祠，如：

《漢書·循吏傳》：“文翁，廬江舒人也。少好學，通《春秋》，以郡縣吏察舉。景帝末，爲蜀郡守，仁愛好教化。……文翁終於蜀，吏民爲立祠堂，歲時祭祀不絕。至今巴蜀好文雅，文翁之化也。”顏師古注：“文翁學堂于今猶在益州城內。”

《後漢書·方術上·許楊列傳》：“晨於都官爲楊起廟，圖畫形像，百姓思其功績，皆祭祀之。”

《後漢書·西南夷列傳》：“後太守巴郡張翕，政化清平，得夷人和。在郡十七年，卒，夷人愛慕，如喪父母。蘇祁叟二百餘人，齎牛羊送喪，至翕本縣安漢，起墳祭祀。詔書嘉美，爲立祠堂。”

《後漢書·西南夷列傳》：“以廣漢文齊爲太守，造起陂池，開通溉灌，墾田二千餘頃。……蜀平，徵爲鎮遠將軍，封成義侯。於道卒，詔爲起祠堂，郡人立廟祀之。”

《後漢書·循吏列傳》：“（許荊）在事十二年，父老稱歌。以病自上，徵拜諫議大夫，卒於官。桂陽人爲立廟樹碑。”

《後漢書·楊厚列傳》：“（楊厚）年八十二，卒於家。策書弔祭。鄉人謚曰文父。門人爲立廟，郡文學掾史春秋饗射常祠之。”

《後漢書·樊宏列傳》：“十五年，定封宏壽張侯。十八年，帝南祠章陵，過湖陽，祠重墓，追爵謚爲壽張敬侯，立廟於湖陽。車駕每南巡，常幸其墓，賞賜大會。”

《後漢書·岑彭列傳》：“會彭已薨，帝盡以任貴所獻賜彭妻子，謚曰壯侯。蜀人憐之，爲立廟武陽，歲時祠焉。”

上揭諸例爲兩漢官吏在死後被人們立廟祭祀，這與其身前有功德於民是有密切關聯的。此種因身前功德而死後被民衆祭祀懷念，此時似已成制度。其源頭可追溯至先秦，如《禮記·祭法》：“夫聖王之制祭祀也，法施於民則祀之，以死勤事則祀之，以勞定國則祀之，能禦大菑則祀之，能捍大患則祀之。是故厲山氏之有天下也，其子曰農，能殖百穀。夏之衰也，周棄繼之，故祀以爲稷。……文王以文治，武王以武功

① 田天：《秦漢國家祭祀史稿》，生活·讀書·新知三聯書店，2015年，第344～352頁。

去民之菑，此皆有功烈於民者也。”記載了古帝王有功績於民，是其在後世得享祭祀的根本原因。

本牘所見徐伏廟在武帝初年已經存在。可想而知，徐伏在江陵曾經是比較有名或有功於江陵民衆的人物。但徐伏不見於典籍，其人其事尚待更多材料予以佐證發掘。

附記：本節内容，初稿《荊州高臺46號西漢墓木牘校讀記》（簡帛網，2014年11月10日），修改後題作《荊州高臺M46西漢木牘解讀》，載於《江漢考古》2019年第2期。

又，《江漢考古》2019年第2期刊布的石洋先生大作《荊州高臺M46出土記錢木牘考釋》對該批木牘有頗爲精到的探討，請參看。

第二節　云夢睡虎地M77漢簡考釋

2010年《出土文獻研究》第九輯登載了熊北生先生《云夢睡虎地77號西漢墓出土簡牘的清理與編聯》一文。本節談談對部分簡文的考釋。

1. 胥走鄭$_{95}$

走，整理者作老。胥走鄭，指胥亡走鄭國。傳世文獻的記載與之略有别。《史記·伍子胥列傳》：“伍胥遂亡。聞太子建之在宋，往從之。”又“伍胥既至宋，宋有華氏之亂，乃與太子建俱奔於鄭。鄭人甚善之。太子建又適晉，晉頃公曰：‘太子既善鄭，鄭信太子。太子能爲我内應，而我攻其外，滅鄭必矣。滅鄭而封太子。’太子乃還鄭。事未會，會自私欲殺其從者，從者知其謀，乃告之於鄭。鄭定公與子産誅殺太子建。建有子名勝。伍胥懼，乃與勝俱奔吴。”《史記》記載伍子胥“宋、鄭、晉、吴”的逃亡兼尋找復仇之機會的路線。雖然無法看到後續竹簡，但是簡文記載的不是“走宋”而是“走鄭”，可能與當時消息傳遞的遲滯性有關。這或許也與竹簡寫作時間有關。

2. 主君邊竟（境）有憂矣$_{99}$

邊竟，整理者作□寅。邊竟，即邊境。簡文指楚國將有外兵加境之憂。《左傳》昭公二十年“伍尚歸。奢聞員不來，曰：‘楚君、大夫其旰食乎！’”注：“將有吴憂，不得早食。”《史記·伍子胥列傳》：“奢聞子胥之亡也，曰：‘楚國君臣且苦兵矣。’”皆可與之對應。對應後來伍子胥率吴兵伐楚之事。

3. 夫尚爲人也仁且勇，來之必入也，夫胥爲人也勇且98

仁，整理者未釋。《左傳》昭公二十年：“無極曰：‘奢之子材，若在吳，必憂楚國，盍以免其父召之。彼仁，必來。不然，將爲患。’”《史記·伍子胥列傳》：“無忌言於平王曰：‘伍奢有二子，皆賢，不誅，且爲楚憂。可以其父質而召之，不然，且爲楚患。’王使使謂伍奢曰：‘能致汝二子則生，不能則死。’伍奢曰：‘尚爲人仁，呼必來。員爲人剛戾忍詢，能成大事，彼見來之並禽，其勢必不來。’”傳世文獻中伍奢對“尚”的評價“尚爲人仁，呼必來”，可與簡文“夫尚爲人也仁且勇，來之必入也”對應。而“員爲人剛戾忍詢”則與簡文“胥爲人也勇且”大致上相對應，不過用詞在感情色彩上略有別。

4. 吾先人有良劍，其隄之千101

隄，原釋文未釋。隄，原指堤壩。《管子·度地》：“春三月……土乃益剛，令甲士作隄大水之旁。”《史記·伍子胥列傳》：“乃渡伍胥。伍胥既渡，解其劍曰：‘此劍直百金，以與父。’父曰：‘楚國之法，得伍胥者賜粟五萬石，爵執珪，豈徒百金劍邪！’”其中“有良劍，其隄之千”對應的文句作“此劍直百金”，簡文“隄”似指價值。直，上古音屬職部章紐，是屬支部禪紐，音近可通。典籍中從寺、是、直之字有通作之例子[①]。隄，有讀作直的可能。不過，隄更有可能讀作抵。隄，屬支部端紐，抵屬脂部端紐，音近可通。從典籍通假的例子看，袛通作禔[②]。隄，疑當讀作抵，值、相當。其堤之千，即價值千。這與《史記·伍子胥列傳》“劍直百金”異文。

附記：本節內容，初稿《睡虎地77號西漢墓出土簡牘札記》（簡帛網，2010年1月22日），修改後載於《簡帛》第5輯，2010年。

---

① 高亨纂著，董治安整理：《古字通假會典》，齊魯書社，1989年，第404～410頁。

② 高亨纂著，董治安整理：《古字通假會典》，齊魯書社，1989年，第566頁。

第三節　隨州孔家坡漢簡考釋

2006年出版的《隨州孔家坡漢墓簡牘》①，引起學人廣泛關注。感謝整理者的辛勤且出色的工作。筆者拜讀劉樂賢大作《孔家坡漢簡〈日書〉"司歲"補釋》②之後，獲益良多，茲就著劉先生思路談談歲名的考釋，此外還談談我們對《日書》"鷄"篇簡文的理解。

一、孔家坡漢簡歲名考釋

古書《爾雅·釋天》之歲名"攝提格""單閼"與"隫牂"，見於孔家坡漢簡427～431號簡：

> 正月子朔，聞（攝）民（提）挌（格）司歲，四海有兵，有年。
> 丑朔，單□日百興（？）實日秋食。
> ……
> 辰朔，隫（敦）臧（牂）司歲，有兵。

整理者對此種對應關係已作介紹。其中與古書"攝提"相當的歲名，整理者隸定作"聞民挌"③。劉樂賢先生釋作"聞〈聶（攝）〉是（提）挌（格）"。"聞"字的處理，整理者與劉樂賢先生的意見可以互爲補充，在此不再多說。關於"民"字，劉樂賢先生定爲"是"之訛寫：

> 其後面釋作"民"的字，在秦漢文字中也可以釋作"是"。"民""是"二字在秦漢時期有時相混，我們以前曾作過討論④。參照文義，《日書》的這個字可以直接釋作"是"，讀作"提"。當然，如果將其釋作"民"，當作"是"的訛寫，也是可以的。

---

① 湖北省文物考古研究所、隨州市考古隊編著：《隨州孔家坡漢墓簡牘》，文物出版社，2006年。

② 劉樂賢：《孔家坡漢簡〈日書〉"司歲"補釋》，簡帛網，2006年10月10日。以下觀點皆出此文，不另出注。

③ 湖北省文物考古研究所、隨州市考古隊編著：《隨州孔家坡漢墓簡牘》，文物出版社，2006年，第187頁。

④ 參看劉樂賢：《簡帛數術文獻探論》，湖北教育出版社，2003年，第233～243頁。

恐還需再作考慮。雖然將“民”與“是”聯繫，並讀爲“提”是此字的必經之途，但字形上恐還需作些説解。所謂的“民”其實應該是“氏”的混寫。漢簡“民”“氏”形近：

（《二年律令》70號簡“民”）

（《二年律令》451號簡“氏”）

比較能説明問題的是，我們發現《二年律令》467號簡“月氏”的“氏”正作。可見將“民”看作“氏”的訛字，應該是可行的。典籍“氏”“是”多可通作。《儀禮·覲禮》：“太史是右。”鄭注：“古文是爲氏。”《周禮·夏官·射人》鄭注、《左傳》僖公九年《正義》、《論語·子罕》邢疏引是作氏[①]。考之上古音，“氏”“是”皆屬支韵禪紐，聲韵皆同，自是可以通假。不過“提”之上古音屬支韵定紐，與“氏”同屬支韵，且定、禪皆爲舌音，通假也應該沒有問題。所以我們認爲“氏”可以直接讀作“提”，釋文可以作“民〈氏（提）〉”。

與古書“單閼”相當的歲名，整理者釋作“單□”[②]。“單”後一字的筆劃尚存，劉樂賢先生直接釋爲“閼”，當然是比較好的意見。不過在字形上也需要再作些分析。該字上部從門頗爲明顯，其右下還可以辨識從“衣”，其左下似從“方”，即“旅”字左部。《奏讞書》有此字，如226號簡作，227號簡作。總之，字從門從旅，可隸定作“閭”。“閭”字不見於字書，字從旅，似可以“旅”爲聲，但上古音旅屬魚韵來紐，而閼屬月韵影紐，聲韵似相隔頗遠。但閭、閼關係密切，學者已有論述，如裘錫圭先生指出：

> 六國印和漢印都未見“閼”字而有“閭”字（《古征》12·1下、《漢印文字征》12·5下），疑“閼”即“閭”之訛字。[③]

孔家坡《日書》中的“單閭”，在古書流傳中當是逐漸訛寫成“單閼”。

---

① 高亨纂著、董治安整理：《古字通假會典》，齊魯書社，1989年，第461頁。

② 湖北省文物考古研究所、隨州市考古隊編著：《隨州孔家坡漢墓簡牘》，文物出版社，2006年，第187頁。

③ 裘錫圭：《戰國貨幣考（十二篇）》注釋21，裘錫圭：《古文字論集》，中華書局，1992年，第448頁。

與古書“敦牂”相當的歲名，整理者釋作“隤臧”[①]。劉樂賢先生意見相同：“隤”與“敦”，“臧”與“牂”，古音十分接近，整理者的意見可從。觀察圖版，“隤（敦）”字考釋可從。但是“牂”字還需再作說解。其字右部從犬，其實應當釋作“狀”，以聲類求之，當讀作“牂”。兩字以“爿”爲聲，考之上古音，狀屬陽韵崇紐，牂屬陽韵精紐，韵部相同，聲紐皆爲齒音，自然可以相通。從爿的字典籍多可通用[②]。所以“狀”可以讀作“牂”。簡文“隤狀”即古書之“敦牂”。

二、孔家坡漢簡《日書》“鷄”篇考釋

《日書》“鷄”篇有幾隻簡記載了用鷄血來祭祀土地神。其內容尚屬首見。其釋文作[③]：

……□辛未，庚寅。二二六壹

今日庚午爲鷄血社，此毋（無）央（殃）邪。雄□二二六貳□堵旬，鷄毋亡。老獻（？）其大者，一度南鄉（向）；二二七貳東鄉（向）度二。酉爲鷄栖，鷄不亡。二二八貳

我們仔細考慮原圖版之後，也列出了一個釋文如下：

……□辛未，庚寅。二二六壹

今（？）日庚午爲鷄血社，此（雌）毋（無）央（殃）邪，雄毋（無）二二六貳被堵，令鷄毋（無）亡、老，獻其大者。一度南鄉（嚮），二二七貳東鄉（嚮）度二。酉爲鷄栖，鷄不亡。二二八貳

以下將談談我們對釋文變動的意見以及對鷄血社祭禮儀的一些粗淺認識。

“此”，從原釋文。由於與緊接著的“雄……”一樣，可能也用以表示鷄牲之性別，“此”在簡文中疑讀作“雌”。簡文中很少有提及“雌”而不同時談及“雄”

① 湖北省文物考古研究所、隨州市考古隊編著：《隨州孔家坡漢墓簡牘》，文物出版社，2006年，第187頁。

② 高亨纂著、董治安整理：《古字通假會典》，齊魯書社，1989年，第308～310頁。

③ 湖北省文物考古研究所、隨州市考古隊編著：《隨州孔家坡漢墓簡牘》，文物出版社，2006年，第159頁。

的，如：

> 和陰陽，雌雄乃通。於是令日當月，令月當歲，各十二時。東方青，南方赤，西方白，北方黑，中央【黃】四六○（孔家坡漢簡）
>
> 數其雌也。從亥始數，一三五壹右行雄也。從戌先行前□其□□□□□□□□□□衝。一三六壹（孔家坡漢簡）
>
> 北斗之神有雌雄，十一月始建於子，月從〈徙〉一辰。雄左行，雌右行。五月合午謀刑，十一月合子謀德。（《淮南子·天文》）

簡文"雌""雄"相次，也應當屬此種情形。"雄"後一字，原未釋。我們認爲應該隸作"毋"，在文中也讀如"無"。"毋"後一字，原未釋。當釋爲"被"。"被堵"一詞，典籍未見。從句式上看，"此（雌）毋（無）央（殃）邪"與"雄毋（無）被堵"當可以互相對應。這裏的"殃邪"當指灾禍和邪祟。"殃"指禍患、灾難。《易·坤》："積善之家，必有餘慶；積不善之家，必有餘殃。"班彪《北征賦》："彼何生之優渥，我獨罹此百殃？""邪"指妖異怪誕之事。《呂氏春秋·孝行》："夫執一術而百善至、百邪去，天下從者，其惟孝也。""被堵"之意義與殃邪對應。我們懷疑"被"讀作"疲"，原指疲乏、困倦。《莊子·天道》："一心定而王天下……其魂不疲。"這裏可以引申爲停止。"堵"可以讀爲"曙"。上古音"堵"屬端紐魚部，"曙"屬禪紐魚部。兩者韵部相同，從聲紐來說，同屬舌音，音近可通。典籍從者之字多可通作①。"曙"指天亮、破曉。《楚辭·九章·悲回風》："涕泣交而凄凄兮，思不眠以至曙。"王逸注："曙，明也。"三國魏曹植《洛神賦》："夜耿耿而不寐，沾繁霜而至曙。""曙"正是破曉時刻。典籍中有"曙鷄"，指報曉的鷄啼聲。唐沈佺期《夜宿七盤嶺》詩："浮客空留聽，褒城聞曙鷄。"唐彦謙《夜蟬》詩："羈人此夕如三歲，不整寒衾待曙鷄。"也有曙鐘，指拂曉的鐘聲。南朝梁庾肩吾《咏疏圃堂》："風長曙鐘近，地迥洛城遙。"雄鷄的一個比較重要的用途是打鳴。而"被（疲）堵（曙）"疑指公鷄停止打鳴報曉。

"令"，原釋爲"旬"，且屬上讀。由於"堵"後有標點墨釘符號，所以"堵"應往上讀。如此，所謂的"旬"其實應屬下讀的。需要提及的是，爲了便於閱讀，竹簡的創作者或抄錄者在簡文中其實留有多處斷讀符號，如"堵""亡""者""二"，釋文在相應的位置其實也應該斷讀，原釋文"者""二"即是如此。不過原釋文仍有未如此處理的，如："堵""旬"連讀；

---

① 高亨纂著、董治安整理：《古字通假會典》，齊魯書社，1989年，第896～898頁。

“亡”“老”中間用句號隔開。另外“旬”字比較可疑。孔家坡漢簡239、244號簡有“旬”字，其落筆多爲圓弧，頗少棱角，且從日從勻省之形，皆極爲明顯。而我們所討論的字，棱角分明，且靠最右邊的竪斜筆其實是竹簡本身裂縫所致，算不得上是筆劃。剩餘部分才是真正簡文本身的筆劃，其形與462號簡“令”同。字當釋爲“令”。令的用法也見於如下簡中：

> 於是令日當月，令月當歲，各十二時。東方青，南方赤，西方白，北方黑，中央【黄】四六〇
>
> 於是令火勝金，令水勝火，令土勝水，令四六二木勝土，令金勝木，是胃（謂）五勝者以占强弱，各居而鄉（嚮），必和陰陽，結解必當。於是令東方生，四六三令南方長，令西方殺，令北方臧（藏），令中央兼收，是胃（謂）五時。春以徼秋，夏以徼冬，秋以徼春，冬四六四以徼夏，是胃（謂）四時。春徼戌也，是胃（謂）伍（吾）且生，子毋敢殺，盡春三月解於戌。夏徼於丑也，是四六五

有命令之義，只是强度比較减弱而已。“亡”“老”中間的墨釘符號，在這裏其實相當於頓號。相同的情形見於張家山漢簡《算數書》77號簡“三鹽之數以爲法亦三，一石之升數，以錢數乘之爲實”，其中“三”與“一”之間其實有一墨鈎，故而將“三”與“一”當斷開。漢簡中用義不同的兩個數字連續書寫的時候，一般會有墨鈎來標識，如140號簡“二、三”，亦用墨鈎來斷開[①]。“亡”“老”當是用來形容“鷄”的兩種狀態。“亡”，可指鷄丟失、喪失。典籍多有“亡羊”之說。《莊子·駢拇》：“臧與穀二人相與牧羊，而俱亡其羊。”也有“亡馬”之說。《淮南子·人間訓》：“近塞上之人，有善術者，馬無故亡而入胡，人皆吊之。其父曰：‘此何遽不爲福乎？’居數月，其馬將胡駿馬而歸。”《戰國策·楚策四》：“見菟而顧犬，未爲晚也；亡羊而補牢，未爲遲也。”“老”指鷄齡過大，可指死亡。可見，這兩種狀態在簡文中應是並列關係，其間宜用頓號標示。“獻”，從原釋文而無疑。“大”，在簡文中指在體形、强壯等方面超過所比較的鷄。《詩·小雅·吉日》：“發彼小豝，殪此大兕。”

“此（雌）毋（無）央（殃）邪，雄毋（無）被堵，令鷄毋（無）亡、老，獻其大者”，疑是選擇用鷄的標準。禮書記載祭祀用牲，身份等級不同，所用牲的種類、規格也有差別，如《禮記·曲禮下》：“凡祭……天子以犧牛，諸侯以肥牛，大夫以

---

① 何有祖：《張家山漢簡〈脉書〉、〈算數書〉札記》，《江漢考古》2007年第2期，第93頁。

索牛，士以羊豕。”其中采用犧牛、肥牛、索牛、羊豕，但沒有提及鷄。不過釁禮有用鷄的，如《周禮·春官·鷄人》：“鷄人掌共鷄牲，辨其物。……凡祭祀，面禳釁，共其鷄牲。”《周禮·秋官·士師》：“凡刉衈，則奉犬牲。”鄭玄注：“釁禮之事，用牲，毛者曰刉，羽者曰衈。”《山海經·東山經》：“其祠，毛（屯字之誤）用一鷄祈。”可見，正祭所供奉的祭品中頗少用鷄，釁禮則有用鷄的。簡文所記儀式頗爲簡單，不易判斷是祭禮用血還是釁社用血。不過楊華老師的研究爲我們提供了一些思路：

> 這種殺牲或殺人取血獻祭的儀式，可以用於祭天、祭祖、祭社等多種禮儀之中，例如，祖廟之祭時，包括逆牲、展牲、視濯、親殺、取膟膋、獻毛血等個禮儀節目，其後才進入祭祀的主要節目。郊祭和社祭時都要薦血，前者稱爲“郊血”，後者稱爲“血社”，但都不是釁禮[①]。

簡文所提及“鷄血社”可能不是釁禮，暫從原整理者“意爲用鷄血祭社”的意見。

鷄血具有辟邪用處，如《抱樸子內篇·務成子法》“以青羊血丹鷄血塗一丸，懸都門上，一里不疫；以塗牛羊六畜額上，皆不疫病，虎豹不犯也”，王明《校釋》：“以青羊血丹鷄血塗一丸，慎校本、寶顔堂本、崇文本‘青羊血’下有‘塗一丸’。”[②]簡文中祭社用鷄血，當有藉此去除殃邪的用意。

簡文緊接著提及的“一度南鄉（向）；東鄉（向）度二”則是將所柬擇出來的鷄牲按南、東的方位來加以放置。我們懷疑這裹的“度”訓作居。《左傳》文公十八年：“不度於善，而皆在於凶德，是以去之。”杜預注：“度，居也。”其大意即所用之鷄一居南向，二居東向。簡文最後記載“酉爲鷄栖”，在血祭禮儀之後再修築鷄屋，當是爲鷄提供一個安穩的居處，可保鷄“不亡”。

後世有“鷄豚社”，如宋陸游《思歸示兒輩》詩：“興發鷄豚社，心闌翰墨場。”元汪元亨《雁兒落過得勝會·歸隱》曲：“耻隨鴛鷺班，笑結鷄豚社。”多爲古時祭祀土地神後鄉人聚餐的交誼活動，似借此聯誼的用意居多。

---

① 楊華：《先秦血祭禮儀研究——中國古代用血制度研究之一》，《世界宗教研究》2003年第3期，第22～33頁；楊華：《新蔡簡祭禱禮制雜疏》，武漢大學簡帛研究中心等主辦：《中國簡帛學國際論壇2006》，2006年11月8～10日。

② 王明：《抱樸子內篇校釋》，中華書局，1985年，第292、298頁。

附記：本節內容，初稿《也說孔家坡漢簡〈日書〉所見歲名》（簡帛網，2006年10月10日）、《孔家坡日書簡所見"鷄血社"淺論》（簡帛網，2007年7月4日），修改後題作《孔家坡漢簡叢考》，刊載於《中國國家博物館館刊》2012年第12期。

又，周群先生《也說孔家坡日書簡所見的"雞血社"》（簡帛網，2007年7月8日，http://www.bsm.org.cn/show_article.php?id=595）、陳炫瑋先生《孔家坡漢簡〈日書·雞〉篇補釋》（簡帛網，2007年8月14日，http://www.bsm.org.cn/show_article.php?id=696）對簡文有進一步討論，請參看。

第三章　湖南出土秦漢簡帛考釋

本章對湖南出土的兔子山九號井秦牘、馬王堆帛書《春秋事語》、長沙尚德街東漢簡牘等材料進行解讀。

第一節　湖南益陽兔子山九號井秦二世元年牘釋讀

2013年在湖南益陽兔子山九號井出土的記載秦二世元年詔書的木牘，是重要秦代文獻[①]。陳偉老師所撰《〈秦二世元年十月甲午詔書〉校讀》（以下簡稱《校讀》）一文考釋牘文中的“故罪”“繇（徭）”“擾”等字詞[②]，使該牘大致上可讀通。茲對牘文略作補苴，並談談該詔書的性質、影響等相關問題。

一、牘文解讀

益陽兔子山九號井出土的秦二世元年牘文作：

天下失$_{\mathrm{I}}$始皇帝，皆遽恐悲哀甚，朕奉遺詔，今宗廟吏及箸以$_{\mathrm{II}}$明至治大功德者具矣，律令當除定者畢矣。元年與黔$_{\mathrm{III}}$首更始，盡爲解除故罪[③]。令皆已下矣，朕將自撫天下。$_{\mathrm{IV}}$$_{牘正面}$吏、黔首其具行事，毋以繇（徭）賦擾黔首，毋以細物苛$_{\mathrm{I}}$劾縣吏。亟布。$_{\mathrm{II}}$以元年十月甲午下，十一月戊午到守府。$_{\mathrm{III}}$$_{牘背面}$

“賦”上二字，原釋文爲“分縣”[④]，《校讀》改釋作“繇（徭）”。今按：釋

---

① 湖南省文物考古研究所、益陽市文物管理處：《湖南益陽兔子山遺址九號井發掘簡報》，《文物》2016年第5期，第40頁。

② 陳偉：《〈秦二世元年十月甲午詔書〉校讀》，http://www.bsm.org.cn/show_article.php?id=2259，簡帛網，2015年6月14日。

③ “故罪”之“故”，原釋文作“流”，此從《校讀》釋。

④ 湖南省文物考古研究所、益陽市文物管理處：《湖南益陽兔子山遺址九號井發掘簡報》，《文物》2016年第5期，第43頁。以下提及“原釋文”皆指此。

“繇（徭）”可從。“繇（徭）”上一字及再上的原釋作“已”之字，也即“行事”下二字，與同牘的“毋以”相比較，可知當改釋作“毋以”。毋，《說文》：“止之也。”[①]《說文》：“以，用也。”[②]毋以，即不用。

“毋以繇（徭）賦擾黔首”的“擾”字，原釋文作“援”，《校讀》改釋作“擾”，訓作安撫，和順。今按：釋“擾”甚是。“擾”在“毋以繇（徭）賦擾黔首”這一語境中似用作貶義詞，指煩擾。《說文》：“擾，煩也。”[③]《新序・雜事二》“昔者鄒忌以鼓琴見齊宣王”章，“淳于髡等曰：‘三人共牧一羊，羊不得食，人亦不得息，何如？’鄒忌曰：‘敬諾，減吏省員，使無擾民也’”[④]。擾黔首，即煩黔首。文獻有“煩民”的說法。如《史記・孝文本紀》：“治霸陵皆以瓦器，不得以金銀銅錫爲飾，不治墳，欲爲省，毋煩民。”[⑤]“毋以繇（徭）賦擾黔首”，即不用徭賦去煩擾黔首。這與緊接著的“毋以細物苛劾縣吏”在文句格式上也更爲接近。“毋以繇（徭）賦擾黔首，毋以細物苛劾縣吏”，即不要用徭賦去煩擾黔首，也不要因小事而舉劾縣吏[⑥]。

再看“元年與黔首更始，盡爲解除故罪，令皆已下矣”，“令”，原釋文作“今”，今從文意及殘筆看，似爲“令”字，即與“元年與黔首更始，盡爲解除故罪”相關的法令，也是下文所提及的“吏、黔首其具行事”所具的“令”。下，頒行。《史記・李斯列傳》：“而私學乃相與非法教之制，聞令下，即各以其私學議之。”[⑦]《漢書・儒林傳》“臣謹案詔書律令下者”，顔師古曰：“下，謂班行也。”[⑧]“令皆已下矣”，指與黔首更始有關的律令都已經頒行。

這一詔書的頒布，是爲了應對秦始皇去世造成的上下驚恐、統治不穩的局面，通過赦免罪犯、減省賦稅、寬鬆吏治等辦法來緩解社會矛盾，安撫天下百姓。

---

① 許慎：《說文解字》，中華書局，1963年，第265頁上。

② 《說文解字》，中華書局，1963年，第311頁上。

③ 《說文解字》，中華書局，1963年，第253頁下。

④ 劉向編著、石光瑛校釋、陳新整理：《新序校釋》，中華書局，2001年，第208頁。

⑤ 司馬遷撰、裴駰集解、司馬貞索隱、張守節正義：《史記》卷十《孝文本紀》，中華書局，1959年，第433頁。

⑥ 後半句的釋法，參考吳方基、吳昊：《釋秦二世胡亥“奉召登基”的官府文告》，http://www.bsm.org.cn/show_article.php?id=2025，2014年5月27日。

⑦ 《史記》卷八十七《李斯列傳》，第2546頁。

⑧ 班固撰、顔師古注：《漢書》卷八十八《儒林傳》，中華書局，1962年，第3594、3595頁。

二、秦二世登基詔書性質

對於《秦二世元年十月甲午詔書》的性質，周西壁先生指出，秦以十月爲歲首，文告頒布于秦二世胡亥繼位後第一年的第一個月；行文時，“始皇帝”換行頂格書寫，是奏疏等文中提到皇帝或當時朝代名稱換行頂格的最早文書實例，開後世此類文書體例之先河。文告以“朕奉遺詔”句，强調其繼位的合法性，並下令解除流罪，對百姓及基層官吏予以惠待，寬撫四海。該詔書本身的真實性當毋庸置疑[①]。

木牘背面提及“以元年十月甲午下，十一月戊午到守府”。按，許名瑲先生曾根據里耶簡及周家台30號秦墓木牘考訂，秦二世元年十月的朔日是乙亥[②]。如此，元年十月甲午當爲1月20日，而十一月戊午當爲2月14日；則該詔書大致在24天后到達守府。可以想像，以秦漢出土法律簡所提及的秦高效的公文傳達系統，該詔書很可能會同時下達給秦朝境内各地。此件詔書在傳世文獻中並無明文詳載，但也並非全無痕迹。

《史記·秦始皇本紀》引賈誼的說法：

> 今秦二世立，天下莫不引領而觀其政……二世不行此術，而重之以無道，壞宗廟與民，更始作阿房宮，繁刑嚴誅，吏治刻深，賞罰不當，賦斂無度，天下多事，吏弗能紀，百姓困窮而主弗收恤。然後姦僞並起，而上下相遁，蒙罪者衆，刑戮相望於道，而天下苦之。自君卿以下至於衆庶，人懷自危之心，親處窮苦之實，咸不安其位，故易動也。是以陳涉不用湯武之賢，不藉公侯之尊，奮臂於大澤而天下響應者，其民危也[③]。

“壞宗廟與民，更始作阿房宮”一句，《新書·過秦》作：

> 二世不行此術，而重以無道，壞宗廟與民，更始作阿房之宮，繁刑嚴誅，吏治刻深，賞罰不當，賦斂無度[④]。

---

① 周西壁：《洞庭湖濱兔子山遺址考古古井中發現的益陽》，《大衆考古》2014年第6期，第31～37頁。

② 許名瑲：《〈里耶秦簡（壹）〉曆日校注補正》，簡帛網，2013年9月7日http://www.bsm.org.cn/show_article.php?id=1888。

③ 《史記》卷六《秦始皇本紀》，第283、284頁。

④ 參看賈誼撰，閻振益、鐘夏校注：《新書校注》卷一《過秦下》，中華書局，2000年，第15頁。

兩處記載相同。“壞宗廟”爲秦二世登基之前的準備措施，也見於《趙正書》17號簡“因夷其宗族，㜳（壞）其社稷（稷）”、40號簡“今自夷宗族，壞其社稷（稷）”[①]，其目的是打擊潛在的反對勢力。“壞民”則頗不辭。漢以前文獻有損壞民居室的說法，[②]也有用“害民”表示“妨害民”一類意思，《左傳》“成公十七年”：“信不叛君，知不害民，勇不作亂。”[③]《呂氏春秋·召類》：“三王以上，固皆用兵也。亂則用，治則止。治而攻之，不祥莫大焉。亂而弗討，害民莫長焉。”[④]還沒有看到“壞民”來表示對民的直接傷害的用法。

《史記·秦始皇本紀》“壞宗廟與民”條注引徐廣曰：“一無此上五字。”[⑤]徐廣所看到的本子乾脆將“壞宗廟與民”去掉了，推測是對此處所記存在懷疑。相比較而言，俞樾的解讀更可信從：他認爲《過秦論》中的“‘與民更始’爲句，當在‘不行此術’句下”[⑥]。

現在看來，《史記·秦始皇本紀》《新書·過秦》的“與民更始”，應即見於秦二世登基詔書的“與黔首更始”。賈誼、司馬遷等漢初文臣，即便不知道二世詔書的詳細內容，對其大概情況也應有所瞭解。

北京大學收藏的漢簡中有一批材料叫《趙正書》。據整理者介紹，《趙正書》是一篇早已亡佚的漢代文獻。篇名自題爲“趙正書”。現存竹簡五十二枚，綴合後有完整簡46枚，殘簡4枚。竹簡三道編繩，有契口。《趙正書》以記言爲主，注重“以史爲鑒”，與戰國時期流行的“語”類古書相似。其抄寫年代應在西漢中期武帝前後，成書年代可能在西漢早期[⑦]。《趙正書》的整理者已注意到《趙正書》與湖南益陽兔子山九號井所出《秦二世元年十月甲午詔書》的聯繫[⑧]。《趙正書》中與秦二世有關的內容如下[⑨]：

---

① 北京大學出土文獻研究所編：《北京大學藏西漢竹書（叁）·趙正書》下册，上海古籍出版社，2015年，第189～194頁。

② 《漢書》卷二十七上《五行志》，第1346頁。

③ 楊伯峻編著：《春秋左傳注》，中華書局，2016年，第987頁。

④ 許維遹：《呂氏春秋集釋》卷二十《恃君覽》，中華書局，2018年，第559頁。

⑤ 《史記》卷六《秦始皇本紀》，第285頁。

⑥ 轉引自賈誼撰，閻振益、鐘夏校注：《新書校注》卷一，第20、21頁。

⑦ 《北京大學藏西漢竹書（叁）·趙正書》下册，第187頁“說明”部分。

⑧ 《北京大學藏西漢竹書（叁）·趙正書》下册，第191頁注釋［三］。

⑨ 參看姚磊：《北大藏漢簡〈趙正書〉釋文補正》，《古籍整理研究學刊》2016年第1期，第1～8頁。

丞相臣斯、御史臣去疾昧死頓首言曰："今道遠而詔期宭（羣），臣恐大臣之有謀，請立子胡亥爲代後。"王曰："可"。王死而胡亥立，即殺其兄夫（扶）胥（蘇）、中尉恬。大赦（赦）罪人，而免隸臣高以爲郎中令。因夷其宗族，擾（壞）其社稷（稷），燔其律令及古（故）世之臧（藏）。有（又）欲起屬車萬乘以扶（撫）天下，曰："且與天下更始。"

……

斯且死，故曰："……臣聞之曰：變古亂常，不死必亡。今自夷宗族，壞其社稷（稷），燔其律令及古（故）世之臧（藏），所謂變古而亂常者也……夫逆天道而倍（背）其鬼神之神零（靈）福，威（滅）其先人及自夷宗族，壞其社稷（稷），燔其律令及中人之功力，而求更始者，王勉之矣。斯見其央（殃）今至矣。"秦王胡亥弗聽，遂殺斯[①]。

上揭文獻記載了秦二世被定爲繼承人，登基後掃除各種威脅，並下詔"與天下更始"，應即兔子山九號井所出秦二世詔書的由來。秦"黔首"一詞用得較普遍，指天下百姓，漢代較多用"民"，《趙正書》"與天下更始"、秦二世詔書"與黔首更始"、賈誼說法中的"與民更始"，三者所指當同。孫家洲指出，更始，是習見於秦漢文獻的常用語，大致上與"變革""更改"相當。後世有所謂的"改元新政"之說，是指新君嗣位之後，借著"改元"的布新之時，推出有別於舊君的新政。就這種類似於政治宣言的"套路"而言，這份出自於秦二世名義的詔書"元年與黔首更始"之說，應該是後世"改元新政"的直接源頭[②]。

"與民更始"，究其實質，是與民休息，化解、緩和社會矛盾，從而達到鞏固自身統治的目的，也爲後續的施政提供一個穩定的社會環境。考之傳世文獻，《莊子·盜跖》記載了孔子勸諫"盜跖"的故事[③]：

孔子曰："丘聞之，凡天下有三德：生而長大，美好无雙，少長貴賤見而皆說之，此上德也；知維天地，能辯諸物，此中德也；勇悍果敢，聚衆率兵，此下德也。凡人有此一德者，足以南面稱孤矣。今將軍兼此三者，身長八尺二寸，面目有光，脣如激丹，齒如齊貝，音中黃鍾，而名曰盜跖，丘

① 《北京大學藏西漢竹書（叁）·趙正書》下册，第190～192頁。

② 孫家洲：《兔子山遺址出土〈秦二世元年文書〉與〈史記〉紀事抵牾釋解》，《湖南大學學報》（社會科學版）2015年第3期，第17～20頁。

③ 郭慶藩撰、王孝魚點校：《莊子集釋》下册，中華書局，2012年，第986、987頁。

竊爲將軍恥不取焉。將軍有意聽臣，臣請南使吴越，北使齊魯，東使宋衛，西使晉楚，使爲將軍造大城數百里，立數十萬户之邑，尊將軍爲諸侯，與天下更始，罷兵休卒，收養昆弟，共祭先祖。此聖人才士之行，而天下之願也。”

其中“尊將軍爲諸侯，與天下更始”云云，雖是處於《莊子・盜跖》諷喻的背景之中，但也可窺知先秦已有“與天下更始”而惠民之思想。這大概是最早的記錄了。《史記・齊太公世家》：

居二年，紂殺王子比干，囚箕子。武王將伐紂……紂師敗績。紂反走，登鹿臺，遂追斬紂。明日，武王立于社，群公奉明水，衛康叔封布采席，師尚父牽牲，史佚策祝，以告神討紂之罪。散鹿臺之錢，發鉅橋之粟，以振貧民。封比干墓，釋箕子囚。遷九鼎，脩周政，與天下更始。師尚父謀居多。於是武王已平商而王天下，封師尚父于齊營丘[①]。

雖然記載周武王“與天下更始”之事，但是司馬遷所處時代距離周武王頗遠，《史記・齊太公世家》的說法大概摻雜了漢代人的觀念知識，周武王之時是否有“與天下更始”這樣明確的詔令，還不可知。

要說將“與民更始”明確提出來並行諸詔令的，現在看到的材料恐怕還是以秦二世爲最早。不過秦二世的表現差强人意。

從秦二世詔書中的“亟布”一詞來看，該詔書是秦二世情急之下頒布的，秦二世也希望能很快起到好的效果。配套的措施包含赦罪以及寬鬆的徭賦、吏治政策。其中赦罪是一次性的，而徭賦、吏治方面的表述是“毋以徭賦擾黔首，毋以細物苛刻縣吏”，雖較此前寬鬆，但是顯得消極，且缺乏具體的實施細則或配套的律令，執行起來頗難把握分寸。其惠民的實際效果如何，令人懷疑。

更麻煩的是，秦二世未能保持政策的穩定性。《史記・秦始皇本紀》《新書・過秦》這二處文獻所提及的“壞宗廟”“與民更始”“作阿房宫”這三件事，如果說“壞宗廟”是登基前的準備，“與民更始”是登基時的惠政，那麽“作阿房宫”則是秦二世登基後具體施政之一。“作阿房宫”勞民傷財，極大的破壞了登基詔書本應該具有的惠民效果。這也正是《史記・秦始皇本紀》、《新書・過秦》對秦二世“與黔首更始”之後幾個月作爲的總結是“繁刑嚴誅，吏治刻深，賞罰不當，賦斂無度”，

---

① 《史記》卷三十二《齊太公世家》，第1479、1480頁。

與二世詔書所記載的“解除故罪”，“毋以繇（徭）賦擾黔首，毋以細物苛劾（刻）縣吏”的效果正相反的原因。又，《史記·李斯列傳》司馬遷在記胡亥誅殺大臣和諸公子之後說：“法令誅罰日益刻深，群臣人人自危，欲畔者衆。又作阿房之宮，治直道、馳道，賦斂愈重，戍傜無已。”[①]其中“法令誅罰日益刻深”的表述，也和詔書的說法背道而馳。時人及後人評價秦二世胡亥“無道”而亡國，其實是比較中肯的。

現在來看，秦二世登基的時候頒布詔書，是爲了應對秦始皇去世造成的上下驚恐、統治不穩的局面，通過赦免罪犯、減省賦稅、寬鬆吏治等辦法來緩解社會矛盾，安撫天下百姓。所下詔書曾經作爲公文傳達到各地，現在能够見到兔子山9號井的牘文，大概以後會有更多的發現。秦二世“與民更始”最終未能挽回秦帝國之國運。賈誼、司馬遷等人記錄更多的是秦二世繁重的傜役、嚴苛的刑法，雖也曾提及秦二世“與民更始”之事，但隻言片語，著墨實不多。今人更因諸書給予秦二世的負面歷史評價，對《史記·秦始皇本紀》《新書·過秦》的相關記載存在誤讀。

三、秦二世詔書的歷史影響

漢承秦制，漢代皇帝有不少在登基之時會大赦天下，與民更始，如：

《漢書·宣帝紀》：“二年春正月，詔曰：‘《書》云“文王作罰，刑茲無赦”。今吏修身奉法，未有能稱朕意，朕甚愍焉。其赦天下，與士大夫厲精更始。’”[②]

《漢書·食貨志》：“自發豬突豨勇後四年，而漢兵誅莽。後二年，世祖受命，盪滌煩苛，復五銖錢，與天下更始。”[③]

《漢書·武帝紀》：“朕嘉唐虞而樂殷周，據舊以鑒新。其赦天下，與民更始。諸逋貸及辭訟在孝景後三年以前，皆勿聽治。”[④]

《漢書·萬石傳》：“往年覲明堂，赦殊死，無禁錮，咸自新，與更始。”[⑤]

《漢書·平帝紀》：“夫赦令者，將與天下更始，誠欲令百姓改行絜己，全其性命也。往者有司多舉奏赦前事，累增罪過，誅陷亡辜，殆非重信慎刑，洒心自新之意也。及選舉者，其歷職更事有名之士，則以爲難保，廢而弗舉，甚謬于赦小過、舉

① 《史記》卷八十七《李斯列傳》，第2553頁。
② 《漢書》卷八《宣帝紀》，第255頁。
③ 《漢書》卷二四下《食貨志下》，第1185頁。
④ 《漢書》卷六《武帝紀》，第169頁。
⑤ 《漢書》卷四六《萬石衛直周張傳》，第2198頁。

賢材之義。對諸有臧及內惡未發而薦舉者，皆勿案驗。令士厲精鄉進，不以小疵妨大材。自今以來，有司無得陳赦前事置奏上。”①

《後漢書·孝順帝紀》：“永建元年春正月甲寅，詔曰：“先帝聖德，享祚未永，早棄鴻烈。……蓋至理之本，稽弘德惠，蕩滌宿惡，與人更始。其大赦天下。賜男子爵，人二級，爲父後、三老、孝悌、力田人三級，流民欲自占者一級；鰥、寡、孤、獨、篤癃、貧不能自存者粟，人五斛；貞婦帛，人三匹。坐法當徙，勿徙；亡徒當傳，勿傳。宗室以罪絕，皆復屬籍。其與閻顯、江京等交通者，悉勿考。勉修厥職，以康我民。”②

《後漢書·孝殤帝紀》：“五月辛卯，皇太后詔曰：‘皇帝幼沖，承統鴻業，朕且權佐助聽政，兢兢寅畏，不知所濟。深惟至治之本，道化在前，刑罰在後。將稽中和，廣施慶惠，與吏民更始。其大赦天下。自建武以來諸犯禁錮，詔書雖解，有司持重，多不奉行，其皆復爲平民。’”③

大體已相沿成慣例。後世大體借鑒了秦二世短命政權的教訓，在與民更始之後，會在一定程度上維持政策的穩定性。而秦二世詔書的出土，爲追溯與民更始之制度源頭提供了直接證據。

附記：本節內容，初稿爲何有祖：《〈秦二世元年十月甲午詔書〉補釋》，簡帛網，2015年11月24日；修改後題爲《秦二世元年詔書解讀》（《文獻》2020年第1期）。

第二節　從兔子山九號井第3·2號牘看秦漢“棄市”刑

史學界對秦漢時期“棄市”執行方法的認識，迄今爲止仍存爭議：一種觀點認爲“棄市”指斬首且棄于市，另一種觀點認爲秦漢時期的“棄市”指絞殺而棄于市。

前一種觀點以沈家本先生在《歷代刑法考·刑法分考》“棄市”按語中指出的“漢之棄市乃斬首之刑”爲代表④，此後程樹德先生《九朝律考》“棄市”條也認爲棄市爲斬首之刑，並在《九朝律考·晉律考》中指出：“疑魏晉以來，律雖有腰斬之條，而習用止爲斬首，至梁始廢之耳，不必强釋晉之棄市爲絞刑也。其以絞爲刑名，

① 《漢書》卷十二《平帝紀》，第348頁。
② 范曄撰、李賢等注：《後漢書》卷六《孝順帝紀》，中華書局，2006年，第251、252頁。
③ 《後漢書》卷四《孝殤帝紀》，第197頁。
④ 沈家本先生指出：“是漢之棄市乃斬首之刑。”參看沈家本《歷代刑法考》，中華書局，1985年，第138頁。

蓋自北魏始。”[①]日本學者布目潮渢先生在《試論漢律體系化》中認爲棄市是持刀斬首[②]。日本學者大庭脩先生認爲，棄市大概相當於中刑[③]。冨谷至先生從史書的注釋、處刑的歐刀，以及畫像石描繪的刑罰執行場面，論證漢代棄市的執行方法主要是斬首。……絞殺刑是北魏初期才成爲正刑的刑罰[④]。宋杰先生在詳細梳理歷代學者研究基礎上，結合《後漢書·孔融傳》“延頸就刑”等說法，支持“棄市”爲斬首刑的傳統說法。[⑤]大致在沈家本說基礎上有所補充發展。

後一種觀點以張建國先生“絞刑說”爲代表，他列舉《後漢書·吳佑傳》毋丘長行刑時投繯而死的例子，推定秦漢的棄市即爲絞刑，指出棄市從戰國到魏晉自始至終並無變化，絞殺是這一刑罰唯一的處刑方式[⑥]。曹旅寧先生從解釋天水放馬灘秦簡《墓主記》中丹被棄市後復活的合理性出發，假定丹雖被縊但未氣絕，死而復蘇，認爲秦代的棄市也是絞刑[⑦]。並以益陽兔子山九號井所出第三·二號秦牘爲證[⑧]。水間大輔先生指出，棄市是絞殺，漢代絞刑已經作爲法定正刑存在了[⑨]。

上揭兩種觀點孰是孰非，在下結論之前，請先容許我們對兩種觀點的已有論據做些梳理。

一

支撑“棄市”的執行方式爲斬首說的證據主要有以下兩條：

《周禮·秋官司寇·掌戮》：“掌戮，掌斬殺賊諜而搏之。”鄭玄注：“斬以鈇鉞，若今要斬也。殺以刀刃，若今棄市也。”

《禮記·王制》：“刑人于市，與衆共棄”。

上揭第一條文獻，鄭玄做注“殺以刀刃，若今棄市也”，用東漢時期的例子來

---

① 程樹德：《九朝律考》，中華書局，1988年，第246頁。

② 布目潮渢：《試論漢律體系化》，日本京都《東方學報》第一十七册，1957年。

③ 大庭脩：《秦漢法制史研究》，上海人民出版社，1991年，第296頁。

④ 冨谷至著、周東平譯：《從終極的肉刑到生命刑——漢至唐死刑考》，范忠信、陳景良主編：《中西法律傳統》第七卷，北京大學出版社，2009年。

⑤ 宋杰：《漢代“棄市”與“殊死”辨析》，《中國史研究》2015年第3期。

⑥ 張建國：《秦漢棄市非斬刑辨》，《北京大學學報》（哲學社會科學版）1996年第5期。

⑦ 曹旅寧：《從天水放馬灘秦簡看秦代的棄市》，《廣東社會科學》2000年第5期。

⑧ 曹旅寧：《湖南益陽兔子山九號井秦簡所見一條秦代“棄市”資料》，http://www.bsm.org.cn/show_article.php?id=2655，2016年10月29日。

⑨ 水間大輔：《從張家山漢簡〈二年律令〉看秦漢刑罰研究的動向》，《中國史學》第14號，2014年。

訓解《周禮》的相關記載，這是東漢時期“棄市”刑應用刀刃斬首而棄于市的重要證據。宋杰先生結合《後漢書・孔融傳》“延頸就刑”等說法[①]。爲鄭玄注的說法提供進一步佐證。不過，從“若今棄市也”一句來看，此條材料仍只限于說明鄭玄當時所見“棄市”刑情況如何，似無法推知西漢時期“棄市”刑如何。同樣的道理，宋杰先生用以加强論證的《後漢書・孔融傳》等材料，也只能說明東漢時期的情況，更早的西漢時期及秦，“棄市”是否也與“殺以刀刃”相當？從鄭玄注以及《後漢書・孔融傳》等材料是難以看出的。

第二條文獻，對“刑人于市”之“刑”的理解，《史記・高祖本紀》注引唐人司馬貞《史記索隱》：“故今律謂絞刑爲‘棄市’也。”而沈家本《歷代刑法考》指出：“以漢法推之，當亦斬刑。”存在截然相反的理解。究其原因，則在于“刑人于市”表述簡單，學者們對“刑”的理解容易産生分歧。那麽“刑”是否指用刀刃殺，仍需要補充相關用例。

同時需要考慮的是，《周禮》《禮記》作爲戰國晚期至西漢初年的文獻，其記載是否能反映秦漢時期“棄市”刑的實際狀況，這也影響“棄市”采用斬首執行方式這一結論的可靠性。即使贊同“棄市”爲斬首說，也要考慮到“棄市”刑與單純斬刑的區別。正如劉海年先生在《秦律刑罰考析》中所指出的：“棄市這種刑罰，在處刑方法上應當是有一個變化過程。鄭玄說：‘殺以刀刃，若今棄市。’這說明漢的棄市是‘殺以刀刃’……但我們絕不可把秦的棄市完全同斬等同起來，……斬作爲一種刑罰在秦時也是存在的。”[②]

學者們在論述中還引到睡虎地秦簡、張家山漢簡《二年律令》的例子，如：

> 士五（伍）甲毋（無）子，其弟子以爲後，與同居，而擅殺之，當棄市。（睡虎地秦簡《法律答問》71）
>
> 以城邑亭障反，降諸侯，及守乘城亭障，諸侯人來攻盗，不堅守而棄去之，若降之，及謀反者，皆要（腰）斬。其父母、妻子、同産，無少長皆棄市。其坐謀反者，能偏（徧）捕，若先告吏，皆除坐者罪。（張家山漢簡《二年律令》1-2）

這些材料中“棄市”的表述簡略，除了知道該刑名應記錄某種死刑，除此之外無法窺知采用何種行刑方式。

---

① 宋杰：《漢代“棄市”與“殊死”辨析》，《中國史研究》2015年第3期。

② 劉海年：《秦漢刑罰考析》，《雲夢秦簡研究》，中華書局，1981年，第173頁。

支撑“絞刑説”的證據是《後漢書·吳佑傳》毌丘長行刑時投繯而死的例子，張建國先生分析毌丘長行刑時投繯而死，指出應即絞刑。但此例只提及絞，並沒有提及示衆若干日（即棄于市）。只能算單純的絞刑，而非棄市刑。此外，該文獻所記仍是東漢時期案例，秦、西漢棄市是否就是指絞刑？僅從該條文獻還無法看出。張建國先生僅據該條文獻便推論秦漢的棄市即爲絞刑，指出棄市從戰國到魏晉自始至終並無變化，絞殺是這一刑罰唯一的處刑方式，顯然證據不足。

唐人司馬貞也曾將“棄市”與絞刑類比，如《史記·高祖本紀》：“父老苦秦苛法久矣，誹謗者族，偶語者棄市。”司馬貞《索隱》云：“按禮云‘刑人于市，與衆棄之’，故今律謂絞刑爲‘棄市’是也。”陳迪先生、胡廣平先生指出，按照索隱的意思，在漢初時棄市即是絞刑[①]。並據以駁沈家本、程樹德之說。現在看來，這裏依然有一個時間的問題。司馬貞所說的“今律”實指唐律，另外，陳迪先生、胡廣平先生對該按語其實理解反了。司馬貞的按語並不是在用唐律的內容來訓解秦律，實際上是在用秦律的內容來證唐律“棄市”行刑方式采用的是絞刑，司馬貞對秦漢律文中的棄市沒有詳細表述，從中其實無法尋找到秦棄市即絞刑的證據。

曹旅寧先生引到天水放馬灘秦簡《墓主記》中丹被棄市後復活的材料，但在論證的過程中糾結于丹復活的合理性，對材料本身並沒有做過多分析。宋杰先生從如何理解“棄之于市”以及“丹”的罪行是否應被處以“棄市”刑等角度來分析論證，認爲《墓主記》中的“丹”在畏罪自刺身死後被官府棄屍于市，而並非被絞殺後復活，因此用這段記載來證明秦代“棄市”爲絞刑而非斬刑是欠妥的[②]。我們贊同宋杰先生的結論，但對“棄之于市”的認識有所不同，此外由於簡文的釋讀有新進展，我們將在下文對重新核實放馬灘秦簡《墓主記》文例是否能支撑“棄市”爲“絞殺”之說。

總的來看，已有觀點所引用的證據，雖然能證明鄭玄所在東漢某個時期所見的“棄市”刑曾采用斬首的方式，但秦及西漢“棄市”刑整體上采用何種行刑方式？還有待新的材料的發現。

二

《文物》2016年第5期刊載的《湖南益陽兔子山遺址九號井發掘簡報》公布了第

---

① 陳迪、胡廣平：《秦律死刑方式淺窺——以睡虎地秦簡資料爲考察中心》，《山西省政法管理幹部學院學報》2013年第4期。

② 宋杰：《漢代“棄市”與“殊死”辨析》，《中國史研究》2015年第3期。

三・二號秦牘的釋文與圖版[①]。該牘的材料也見於《湖南考古輯刊》第12輯所刊載的《湖南益陽兔子山遺址九號井發掘報告》一文[②]。曹旅寧先生率先指出該牘是一條有關秦代“棄市”刑罰的寶貴資料[③]，但在字裏行間仍透露出對絞刑說的贊同，其文作：

其一，“棄市”的行刑方式，有斬殺及絞殺的爭論。筆者曾根據《左傳》中晉國將秦國間諜棄市後八日復蘇以及放馬灘秦簡《墓主記》中棄市後復活的材料，認爲“棄市”應爲絞殺（《從放馬灘秦簡看秦代的棄市》，拙撰《秦律新探》，中國社會科學出版社，2002年）。其後拜讀祝總斌先生大作《關於魏晉南北朝“棄市”爲絞刑說》（《黎虎教授古稀紀念中國古代史論叢》，世界知識出版社，2006年），平添不少說服力。兔子山秦簡則提供了棄市的十日期間及屍體的最後處置方式，不許收屍及棄諸亂冢間。最後要說明女子尊涉及致死的罪名爲不肯行用秦代法定貨幣即半兩錢，而依照張家山漢簡《二年律令》此罪則刑不致死。

由於現有釋文在關鍵部分仍存在釋讀問題，極大影響對秦“棄市”具體面貌的瞭解，下面我們擬在改釋牘文的基礎上進行相關討論。

湖南益陽兔子山九號井第三・二號秦簡整理者釋文作：

十月己酉，劾曰：女子尊擇不取行錢，問辭（辭）如劾，鞫審・己未，益陽守起、丞章、史完論刑𩠐尊市，即棄死市盈十日，令徒徙棄冢間。

問辭（辭）如劾，整理者連讀，當可從。按，張家山漢簡《奏讞書》5-7號簡：

・問：如辭（辭）。・鞫之：毋憂變（蠻）夷大男子，歲出賨錢，以當繇（徭）賦，窯遣爲屯，去亡，得，皆審。・疑毋憂罪，它縣論，敢讞（讞）之。謁報。署獄史曹發。・吏當：毋憂當要（腰）斬，或曰不當

① 湖南省文物考古研究所、益陽市文物管理處：《湖南益陽兔子山遺址九號井發掘簡報》，《文物》2016年第5期，第43頁。

② 湖南省文物考古研究所、益陽市文物管理處：《湖南益陽兔子山遺址九號井發掘報告》，載《湖南考古輯刊》第12輯，科學出版社，2016年，第158頁。按：據整理者介紹，九號井第3層同土的另一枚秦簡爲秦二世元年詔書，可知本簡與之年代相差不遠。

③ 曹旅寧：《湖南益陽兔子山九號井秦簡所見一條秦代“棄市”資料》，http://www.bsm.org.cn/show_article.php?id=2655，2016年10月29日。

論。·廷報：當要（腰）斬。

上揭引文中的“問：如辭（辭）”，大致與本牘“問辭（辭）如劾”表達相似，關於前者，閻曉君曾指出，如辭，指“驗問”“診問”的結果與犯人供辭一致[①]。“問”屬奏讞記錄中比較重要的一個環節。“·鞫之：毋憂變（蠻）夷大男子，歲出賨錢，以當繇（徭）賦，窑遣爲屯，去亡，得，皆審。”可與本牘“鞫審”相對應。“鞫審”也見於里耶秦簡8-1344“問器劾失鞫審”，我們曾斷句作“問器劾失，鞫，審”[②]。現在看來可進一步斷句作“問器劾失，鞫審”。

“刑”下一字，整理者釋文作斂，今按：該字圖版作：

32號牘此字右部從殳，整理隸定從“夃”，應是受到同牘“盈”字的影響，其圖版作：

仔細比較可知，“盈”字中部並不從又，類倒止形。字左部上類“炗”，左部寫法整體上同于漢簡“殺”的左部：

（《二年律令》35號簡）（《二年律令》38號簡）

此字右部從殳，應即“殺”字。此處釋作“論刑殺尊市”。

“刑殺”一詞見於嶽麓參《𪆫盗殺安、宜等案》163號簡：“𪆫伐刑殺安等，置赤衣死（屍）所，盜取衣器，去買（賣）行道者所。”與同篇151號簡的“頭頸有伐刑痏。不智（知）殺者”相比較，可知此例“伐刑殺”結構爲“伐刑”+“殺”，其所在語境是秦刑事記錄中對罪犯“伐刑殺”受害人的細節描述，雖然並不是論罪之辭，但並不影響該例成爲出土文獻中存在“刑殺”一詞的例證。“刑殺”一詞還見於傳世文獻，如：

《大戴禮記·盛德》：“刑罰之所從生有源，不務塞其源而務刑殺之，是爲民設陷以賊之也。”

《管子·法禁》：“法制不議，則民不相私。刑殺毋赦，則民不偷於爲善。”

---

① 閻曉君：《張家山漢簡〈奏讞書〉考釋（一）》，《追尋中華古代文明的蹤跡——李學勤先生學術活動五十年紀念文集》，復旦大學出版社，2002年。

② 何有祖：《讀里耶秦簡札記（一）》，http://www.bsm.org.cn/show_article.php?id=2261，2015年6月17日。

《管子・立政》："季冬之夕，君自聽朝，論罰罪刑殺，亦終五日。"

上揭文獻中的"刑殺"大致與如何論罪有關。

牘文"棄死市"即棄屍于市。睡虎地秦簡《封診式》簡56"令史某爰書：與牢隸臣某即甲診，男子死（屍）在某室南首，正偃。"整理者注："死，通屍，《漢書・陳湯傳》："求谷吉等死。"注："屍也。"[①]嶽麓三《猩盜殺安、宜等案》："即令獄史彭沮、衷往診：安、宜及不智（知）可（何）一女子死（屍）皆在內中，頭頸有伐刑痏，不智（知）殺者。"死，即通作屍，指屍體。可知本牘"棄死市"應讀作"棄屍市"，指棄屍于市。

本牘釋文可重新擬作：

> 十月己酉，劾曰：女子尊擇不取行錢，問辭（辭）如劾，鞫審・己未，益陽守起、丞章、史完論刑殺尊市，即棄死（屍）市。盈十日，令徒徙棄冢（塚）閒（間）。

該牘大意是經過劾、問、鞫等環節之後，益陽守等官吏，即確定對尊的處理意見爲刑殺于市，並棄屍于市。滿了十日，令徒移棄到墳場。

經過改釋，本牘"刑殺尊市，即棄死（屍）市"展現了更爲清晰的過程，即刑殺于市，棄屍于市。這裏提及的"刑殺"含義仍不明，但應可排除是曹旅寧等學者論及的絞刑。以下有必要參考其他出土秦簡材料來加以論證。

嶽麓秦簡三有"刑人""伐刑殺"等文例，爲瞭解"刑殺"乃至於進一步瞭解"棄市"之前如何殺死罪犯提供了新的綫索。與"刑殺"有關的記載兩見於嶽麓秦簡三，其一見於《譊、妘刑殺人等案》137～140號簡：

> ●十月癸酉，佐兢曰：士五（伍）譊刑人（？）市舍□【……】【……】□□定（？）曰：譊歙（飲）宗妘，亡【……】□□嗑不可起，怒，以刀刑（？），棄刀【……】不（？）得。診、問。鞫：譊刑審，妘殺疑。

十月癸酉，整理者疑爲秦始皇二十八年十月初一。鐘意指出，後文簡140有"九月丙寅"，在秦始皇在位期間同一年之內出現十月癸酉與九月丙寅的只有二年與二十八年；第二類卷册的案序似按時代順序從晚向早逆排，位於卷首的本案應屬二十八年。

---

① 睡虎地秦墓竹簡整理小組編：《睡虎地秦墓竹簡》，文物出版社，1990年，第157頁。

十月與九月爲癸酉朔與戊戌朔，癸酉與丙寅分別爲初一與二十九日[①]。進一步論證了整理者的意見，當可從。可知該材料的年代爲秦始皇廿八年。該材料提及“以刀刑”，整理者在“刑”下標“？”，不過從字形來看，釋“刑”應無問題。刑，整理者語譯爲“砍斫”。從簡文“士五（伍）譊刑人（？）市舍”以及“以刀刑，棄刀”，“鞫：譊刑審”，可知秦簡中用刀殺人可稱作“刑人”。該語境中“刑”的工具爲刀。

另一見於《㜸盜殺安、宜等案》：

> 廿年十一月己未……●即令獄史彭沮、衷往診：安、宜及不智（知）可（何）一女子死（屍）皆在內中，頭頸有伐刑痏，不智（知）殺者，【□□□□□】赤帬（裙）襦，類城旦衣。……㜸誠以旬餘時，以二錢買不智（知）可（何）官城旦敝赤帬（裙）襦，以縢盛。佗（施）行出高門，視可盜者。莫（？暮）食時到安等舍，□寄□其內也[②]。有頃，安等皆臥，出。㜸伐刑殺安等，置赤衣死（屍）所，盜取衣器，去買（賣）行道者所。以錢買布補【袍□□□□□□□】有母、妻、子，在㜸。即買大刀，欲復以盜殺人，得錢材（財）以爲用，亡之，㜸。未蝕（蝕）而得。……●㜸，晉人，材犺（伉）。端買城旦赤衣，以盜殺人。巳（已）殺，置死（屍）所，以□令吏【弗】得。一人殺三人田壄（野），去居邑中市客舍，甚悍，非恒人殹（也）。有（又）買大刀，欲復（？）盜殺人，以亡之㜸。民大害殹（也）。甚微難得。

這是秦王政廿年的案例。案例中對受害人的描述是：“安、宜及不智（知）可（何）一女子死（屍）皆在內中，頭頸有伐刑痏，不智（知）殺者。”提及“頭頸有伐刑痏”。訊問過程中得知“㜸伐刑殺安等，置赤衣死（屍）所”，其中“伐刑殺安等”大致對應“頭頸有伐刑痏”，可知㜸伐刑殺安等人的頭頸部。這一環節沒有提及㜸殺人所用的凶器。這裏的“伐刑殺”之伐、刑當用作動詞，其中“刑”可參考上文提及的《譊、妘刑殺人等案》中“以刀刑”，指用刀砍斫。“伐”見於以下記載[③]：

> 士五（伍）甲鬭，拔劍伐[④]，斬人髮結，可（何）論？當完爲城旦。（睡虎地秦簡《法律答問》簡84）

---

① 鐘意：《〈嶽麓書院藏秦簡（叁）〉第二類至第五類集釋》，武漢大學碩士學位論文，2014年。

② 也，原釋文作“中”。

③ 釋文參看睡虎地秦墓竹簡整理小組編：《睡虎地秦墓竹簡》，文物出版社，1990年，第157頁。

④ 原整理者注：伐，《說文》小徐本：“亦斫也。”

“以梃賊傷人。”·可（何）謂“梃”？木可以伐者爲“梃”[1]。（《法律答問》簡91）

小畜生入人室，室人以投（殳）梃伐殺之，所殺直（值）二百五十錢，可（何）論？當貲二甲。（《法律答問》簡92）

群盜　爰書：某亭校長甲、求盜才（在）某里曰乙、丙縛詣男子丁，斬首一，具弩二、矢廿，告曰：“丁與此首人强攻群盜人，自晝甲將乙等徼循到某山，見丁與此首人而捕之。此弩矢丁及首人弩矢殹（也）。首人以此弩矢□□□□□□乙，而以劍伐收其首，山儉（險）不能出身山中。”訊丁，辭曰：“士五（伍），居某里。此首某里士五（伍）戊殹（也），與丁以某時與某里士五（伍）己、庚、辛，强攻群盜某里公士某室，盜錢萬，去亡。己等已前得。丁與戊去亡，流行毋（無）所主舍。自晝居某山，甲等而捕丁、戊，戊射乙，而伐殺收首。皆毋（無）它坐罪。”·診首毋診身可殹（也）。（《封診式》簡25～30）

奪首　軍戲某爰書：某里士五（伍）甲縛詣男子丙，及斬首一，男子丁與偕。甲告曰：“甲，尉某私吏，與戰刑（邢）丘城。今日見丙戲旞，直以劍伐痍丁，奪此首，而捕來詣。”診首，已診丁，亦診其痍狀。（《封診式》簡31～33）

從上揭引文中，可摘得含“伐”在內的表述如下：

拔劍伐，斬人髮結
以投（殳）梃伐殺之（小畜生）
以劍伐收其首、伐殺收首
以劍伐痍丁，奪此首

從上揭表述，可得到以下認識：

其一，“伐”前所用武器有“投（殳）梃”“劍”。

其二，上揭引文所含“伐殺”這樣的表述，可知“伐刑殺”可分解爲伐殺+刑殺。睡虎地秦簡整理小組對“伐”的訓解作“斫也”“擊也”。那麼伐殺、刑殺相同點在于“砍斫”，用刀或劍都能做到這一點。結合《魏盜殺安、宜等案》所記載的魏“即買大刀，欲復以盜殺人”，“有（又）買大刀，欲復（？）盜殺人”，兩次提及魏買大刀

① 原整理者注：伐，《說文》：“擊也。”

打算再次殺人，似可推知嫛伐刑殺安等所用凶器可能是刀。

其三，從“以劍伐收其首、伐殺收首”，“以劍伐痍丁，奪此首”以及上文提及的“頭頸有伐刑痏”，可知伐殺或刑殺，所作用的部位或在人體的頭部。

基于以上幾點考慮，可知秦刑獄記錄對案件細節描述的時候，把用刀或劍殺傷受害人都可稱之爲刑殺，“刑”所用工具是刀、劍。

再來看兔子山九號井第三・二號秦牘“刑殺尊市，即棄死（屍）市”，其中“刑殺”很可能是指用刀劍斬殺頭部。那麽該牘對尊的行刑方式應是斬殺頭部于市，並棄屍于市。這應是秦棄市刑中對罪犯身體行刑采用斬首刑的直接的證據。

當然，宋杰在所引的棄市用斬首之刑的記載[①]，也可作爲“刑殺”爲刀劍斬首的旁證。如《後漢紀》載建安十三年（208年），“太中大夫孔融下獄誅，妻子皆棄市”。與之對應，孔融兒女被殺的詳情見於《後漢書》卷七〇《孔融傳》：“及收至，（妹）謂兄曰：‘若死者有知，得見父母，豈非至願！’乃延頸就刑，顔色不變，莫不傷之。”宋杰先生指出，“延頸就刑”就是孔融小女“棄市”之際跪在刑場伸直頸項以接受斬首的情景。“延頸”而受死是被刀劍斬首，類似的記載可見《史記・留侯世家》：“竊聞太子爲人仁孝，恭敬愛士，天下莫不延頸欲爲太子死者，故臣等來耳。”又如《列子・湯問》“延頸承刀，披胸受矢”。但“棄市”刑中的“延頸就刑”與英勇赴死的“延頸欲爲太子死者”，前者有死罪嫌疑，後者則是光明英勇，恐不適合類比。

再來看放馬灘秦簡《墓主記》，方勇先生曾對放馬灘秦簡《墓主記》做過較多可信的改釋，其釋文作[②]：

八年八月己巳，邸丞赤敢謁御史：大梁人王里樊野曰丹報（？）：今七年，丹束（刺）傷人垣雍里中，因自刺殹，棄之于市，三日，葬之垣雍南門外。三年，丹而復生，丹所以得復生者，吾犀武舍人，犀武論其舍人尚命者，以丹未當死，因告司命史公孫强，因令白狐穴屈（掘）出丹，立墓上三日，因與司命史公孫强北之趙氏之北地柏丘之上。盈四年，乃聞犬犻（吠）鷄鳴而人食，其狀類（顡）益（嗌）、少麋、墨、四支不用。丹言曰：死者不欲多衣。死人以白茅爲富（福），其鬼賤（薦）于它而富（福）。丹言：祠墓者毋敢瞉，瞉，鬼去敬（驚）走。已收腏而釐之，如此鬼終身不食殹。

① 宋杰：《漢代“棄市”與“殊死”辨析》，《中國史研究》2015年第3期。

② 方勇：《讀放馬灘秦簡〈志怪故事〉札記（一）》，http://www.gwz.fudan.edu.cn/Web/Show/965，2009年11月6日。

丹言：祠者必謹騷（埽）除。毋以潞（酏）滷（灑）祠所。毋以羹沃腏上，鬼弗食殹。

其中“丹束（刺）傷人垣雍里中，因自刺殹，棄之于市，三日，葬之垣雍南門外”，與兔子山九號井三・二號秦簡“論刑殺尊市，即棄死（屍）市，盈十日，令徒徙棄冢（塚）閒（間）”，在嫌疑犯致死方式上略有不同：丹是自刺而死，官方已不需行刑，尊是官方刑殺而死，此後都是棄屍于市若干日，然後或葬或徙棄塚間。整體來看，二者有同有異。通過與兔子山九號井三・二號秦簡的記載相比較，可知放馬灘秦簡《墓主記》所見“棄之于市”，即便不是刑名“棄市”的直接記載，也應受到時秦實際所存在的“棄市”刑的影響。

關於丹死否應被判處“棄市”刑，宋杰先生指出：“從簡文敘述來看，答案顯然是否定的，因爲丹只是‘矢傷人垣雍里，中面’。秦漢法律規定，故意殺人、鬬毆殺人或傷人在二旬之內致死者，要處以‘棄市’；過失殺人或戲鬬殺人贖死，傷人者免罪。故意傷人或自傷以避徭役者‘黥爲城旦舂’，即服苦役，鬬毆而以器械傷人者‘完爲城旦舂’。參見《二年律令・賊律》。”[①]從最新的釋文看，此處作“丹束（刺）傷人垣雍里中，因自刺殹”，大意是，丹刺傷人後，便（畏罪）用該凶器自刺。“丹”是否查驗受害人是否死亡，以及自刺後“丹”是否立即死亡，簡文並無明確交代。我們注意到丹在被棄于市之前除了自刺，並無其他行刑的表述，可知自刺是丹死亡的主因。官府此時已經無法懲治丹，官府的處理主要體現在棄其屍于市，恐不能排除丹刺傷人致人辜死的情形發生。當然，從這段文字中也確實無法看出棄市與絞刑有何關聯。至於丹因自刺而死，之後又復活，其合理性如何，基于牘文後半段怪誕的語境，似無此繼續考慮的必要。

三

秦漢出土文獻的日益豐富，展現出更清晰的秦漢“棄市”刑的面貌。具體而言，秦漢時期“棄市”的細節之所以存在爭議，主要因爲傳世文獻語焉不詳，此前所見出土文獻雖有衆多“棄市”的文例，但表述極爲簡略。兔子山九號井第三・二號秦簡“刑殺尊市，即棄死（屍）市”這一表述的出現，使我們瞭解到，在兔子山九號井第三・二號秦簡所記具有公文性質的案例陳述中，益陽守起、丞章、史完等官吏將“棄市”分解成兩個要件：刑殺于市，然後棄屍于市。這恐怕是秦漢時期材料中迄今所見

① 宋杰：《漢代“棄市”與“殊死”辨析》，《中國史研究》2015 年第3期。

官方對“棄市”最爲詳細的表述。這兩個要件是否缺一不可呢？放馬灘秦簡《墓主記》對“丹”被棄市的記載，帶給我們一些例外認識。《墓主記》中“丹”是自刺而死，官方已不需行刑，是否表明秦刑名“棄市”構成要件中，由官方主導的“刑殺”這一要件，會因客觀原因而有所省減。此外，“丹束（刺）傷人垣雍里中，因自刺殹”。丹在垣雍里中刺傷人，緊接著畏罪自刺，自刺的地方應在垣雍里中。丹是自刺而立刻死亡在垣雍里中，還是被棄之于市而在市中死亡？這裏無法確定。如是前者，那麽“丹”被棄市之前就不是在市中死亡，似也將成爲一個例外情況。《墓主記》的記載從“丹”復活開始逐漸脱離正常人的邏輯表述，這種並非嚴謹公文記錄的體裁，是否是造成這些例外出現的主要原因？《墓主記》中“丹”被棄之于市若干日，相似的記載見於兔子山九號井第三・二號秦簡，即使《墓主記》中有著例外表述的出現，但被“棄之于市”這一要件却因明顯的指向“棄市”刑而不易被省略、刪改。這意味著，《墓主記》雖然是志怪故事、不適合直接當作秦“棄市”刑方面的材料，但多少多少保留了當時秦社會“棄市”刑的某些細節。

這裏要再次提及我們在前面已經提到的兩個例子：

> 士五（伍）甲毋（無）子，其弟子以爲後，與同居，而擅殺之，當棄市。（睡虎地秦簡《法律答問》71）
>
> 以城邑亭障反，降諸侯，及守乘城亭障，諸侯人來攻盜，不堅守而棄去之若降之，及謀反者，皆要（腰）斬。其父母、妻子、同産，無少長皆棄市。其坐謀反者，能偏（徧）捕，若先告吏，皆除坐者罪。（張家山漢簡《二年律令》1-2）

是秦漢時期“棄市”刑名衆多簡略表述的代表。秦漢簡中“棄市”這一簡略表述，皆不提及行刑方式，恐怕是進一步省減的結果。或者説，已被提煉固化在“棄市”這一表述中。

宋杰先生曾指出，放馬灘秦簡《墓主記》中的“棄之于市”理解爲“棄市”即處死未必準確，因爲在秦漢法律用語中的“棄市”是個專用名詞，代表判罰死刑，這裏的“棄”有“殺”的含義。但是古籍所言“棄之×”“棄之于×”，通常意味著拋棄某人或屍體、他物于某處[①]。但兔子山秦牘三・二號秦簡“棄死（屍）市”、放馬灘秦簡《墓主記》“棄之于市”的“棄”都只能理解爲拋棄。可知在早期記錄“棄市”刑，把刑殺、棄屍分別表述的時候，“棄”並無“殺”的含義，只能理解爲拋棄。此

① 宋杰：《漢代“棄市”與“殊死”辨析》，《中國史研究》2015年第3期。

時的“棄之于市”“棄屍市”都只能看作“棄市”刑的一個重要環節。

總的來説，兔子山三・二號秦簡、放馬灘秦簡《墓主記》的有關記載，除了帶來更多“棄市”刑名的細節之外，其實也會帶來這樣的認識，即秦各層級的官吏以及各種性質的文獻對“棄市”刑名的表述仍未全然統一，在整齊劃一之中仍存在差異性。秦漢其他文獻中直接寫作“棄市”，很可能是對兔子山三・二號秦簡“刑殺尊市，即棄死（屍）市”的減省表述或概要性表述，應與“棄市”刑的名稱及內涵逐漸固定下來，並得到具體實施的總體趨勢有關。

附記：小文寫就後曾得到廣瀨薰雄、魯家亮先生的指教，謹致謝忱！

小文2017年2月份完稿，8月份有緣得窺吴雪飛先生《湖南益陽兔子山簡“女子尊擇不取行錢”案小考》一文，看到吴先生從司法程序的角度對“棄市”刑的精彩分析，遂將小文呈請吴雪飛先生指教，吴先生來信指出：

> 忽然想起《周禮・鄉士》：“士師受中，協日刑殺，肆之三日。”此“協日刑殺”在《周禮秋官》中出現多次，“刑殺”，從文義看即爲“斬殺”之義，不知是否能爲理解何先生文“刑殺尊于市”增加一材料，亦説明秦漢棄市與《周禮》記載“協日刑殺，肆之三日”具有淵源關係，對考察棄市刑的淵源具有價值。從簡文看，論刑殺尊于市後，即棄屍市而盈十日，正合《周禮》“協日刑殺，肆之三日”的執行程序。關於秦漢棄市的淵源問題，沈家本《歷代刑法考》作了考證，從淵源角度考察秦漢棄市刑，也許爲弄清秦漢棄市的執行方式增加一條路徑。
>
> 另對於《周禮》中的“協日刑殺，肆之三日”問題，有人認爲“刑”、“殺”分别指肉刑和死刑，如賈公彦，我的認識是，從上下文看，“刑殺”當爲一詞，即指死刑。另外古代肉刑似不在市中行刑。前人解釋此句有不少舛誤扞格，可能還需要斟酌。

感謝吴先生的寶貴意見。謹志于此。

（原題作《再論秦漢“棄市”的行刑方式》，載於《社會科學》2018年第11期）

第三節　馬王堆帛書《春秋事語》考釋

裘錫圭主編，湖南省博物館、復旦大學出土文獻與古文字研究中心編纂的《長沙馬王堆漢墓簡帛集成（三）》（中華書局，2014年）對馬王堆帛書本《春秋事語》做了系統整理，並附有圖版。本節對帛書《春秋事語》兩處文字進行考釋。

一

马王堆帛書本《春秋事語》“殺里克”章有一小句作：

□□A路（賂）弗予

“賂”上一字作：

（用A表示）

鄭良樹先生補作“背”字，鄭先生詳細論證引用如下：

《左傳》僖公十五年曰：“晉侯許賂中大夫，既而皆背之；賂秦伯以河外之列城五，東盡虢略，南及華山，內及解梁城，既而不與。”所謂“背之”“不與”，可爲《事語》本文註解。《國語·晉語》二云：“中大夫里克與我矣，吾命之以汾陽之田百萬；丕鄭與我矣，吾命之以負蔡之田七十萬。”所云許賂中大夫者，視《左傳》爲詳。又本句“路”上缺文，可從《左傳》補入“背”字也[①]。

裘錫圭先生在《帛書〈春秋事語〉校讀》一文所列釋文中把A看作存疑字，在後續的分析中指出：

從帛書圖版看，“路”上一字顯非“背”字。其字下部从“貝”，左上部殘去，右上部頗似“此”或“化”字右旁的殘畫，據文義似應釋爲

① 鄭良樹：《〈春秋事語〉校釋》，《竹簡帛書論文集》，中華書局，1982年，第19頁。

“貨”。惜上文殘缺，無法通讀[1]。

《長沙馬王堆漢墓簡帛集成（三）》在按語中指出A當存疑[2]。

今按：該字“貝”上殘存兩短横，與“貨”“背”等字確實有不同之處。與“賂”上一殘字形體相近的字有：

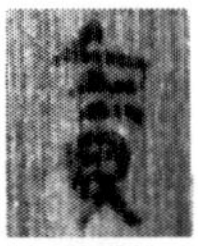 8-787 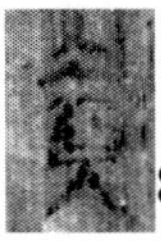 8-644

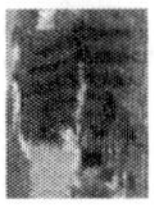（帛書《春秋事語》“衛獻公出亡章”）

上舉里耶秦簡及帛書《春秋事語》“衛獻公出亡章”字例“責”所從“貝”上“朿”隸變作三類似“人”或“入”叠加。在左部殘缺的情況下，右部看起來作三横筆。帛書“賂”上一殘字現只見二殘筆，當缺去一筆，上例子中8-644筆劃脱落的情形與之類似。字疑釋作“責”。

責賂，可指索求財物，見於《左傳》桓公十三年：“宋多責賂於鄭。鄭不堪命，故以紀、魯及齊與宋、衛、燕戰。”“賂”内涵豐富，可指財物，還可指田、地等有價值之物，如《左傳》昭公十四年：“公子鐸逆庚與於齊，齊隰黨、公子鉏送之，有賂田。”杜預注：“莒賂齊以田。”《國語·晉語三》：“秦饑，公令河上輸之粟，虢射曰：‘弗予賂地而予之糴，無損於怨而厚於寇。’”

本篇所責之“賂”爲晉惠公此前所許諾的“河外列城五”，而《戰國策·秦策四》“楚魏戰于陘山”章：“楚、魏戰於陘山。魏許秦以上洛，以絕秦於楚。魏戰勝，楚敗于南陽。秦責賂於魏，魏不與。”其中“秦責賂於魏，魏不與”之“賂”指上洛。二者之“賂”都是指地。且“秦責賂於魏，魏不與”，“責賂弗予”在文例上也極爲接近，可證“賂”上一字當爲“責”字之殘。

“責”上兩未釋字中的第一字疑是“今”。“今”下一字存疑，用作人名，似是秦一方的來使之名。

今□責賂弗予，大意是現在秦人來索求賂（晉惠公此前所許諾的“河外列城五”），而不給。

---

① 裘錫圭：《帛書〈春秋事語〉校讀》，《裘錫圭學術文集（第二卷）·簡牘帛書卷》，復旦大學出版社，2012年，第404頁。

② 裘錫圭主編，湖南省博物館、復旦大學出土文獻與古文字研究中心編纂：《長沙馬王堆漢墓簡帛集成（三）》，中華書局，2014年，第170、171頁注釋［一五］。

二

帛書《春秋事語》“燕大夫章”：

燕大夫子□率師以禦晉人，勝之。歸而飲至，而樂。其弟子車曰：……昔者文【王】□崇，能取而弗滅，以申其德也。……

裘錫圭先生在《帛書〈春秋事語〉校讀》談到此句大意的時候指出：“弟子車見其飲至而樂，與先王之禮不合，乃舉樂勝之古義以諫之……”[①]

今按：帛書中出現的“其弟子車”似有兩種理解，其一是燕大夫的徒弟，名車；另一是燕大夫的弟弟“子車”。

考之傳世文獻，“其弟子”單獨出現的時候，多明確表示他的徒弟的意思，如《莊子·天地》：“子貢卑陬失色，頊頊然不自得，行三十里而後愈。其弟子曰：‘向之人何爲者邪？夫子何故見之變容失色，終日不自反邪？’”“夫子”這一稱呼當是其證據。[②]

以“其弟子+人名（全名）”出現，表示他的徒弟之意，如《呂氏春秋·上德》：“其弟子徐弱諫孟勝曰。”《漢書·禮樂志》：“至成帝時，謁者常山王禹世受河間樂，能說其義，其弟子宋曅等上書言之。”

以“其弟子+人名”出現，表示他的弟弟之意，如《左傳》僖公二十四年：

鄭子華之弟子臧出奔宋，好聚鷸冠。鄭伯聞而惡之，使盗誘之。八月，盗殺之于陳宋之間。

---

① 裘錫圭：《帛書〈春秋事語〉校讀》，《裘錫圭學術文集（第二卷）·簡牘帛書卷》，復旦大學出版社，2012年，第407頁。

② “夫子”一詞，較早用于對男子的敬稱，如《書·牧誓》：“夫子勖哉！不愆于四伐五伐六伐七伐，乃止齊焉。”孔傳：“夫子謂將士。”又如《左傳》文公元年：“殽之役，晉人既歸秦師，秦大夫及左右皆言於秦伯曰：‘是敗也。孟明之罪也。必殺之。’秦伯曰：‘是孤之罪也。周芮良夫之詩曰：“大風有隧，貪人敗類。聽言則對，誦言如醉。匪用其良，覆俾我悖。”是貪故也。孤之謂矣。孤實貪以禍夫子。夫子何罪？’復使爲政。”後來，孔子門人尊稱孔子爲“夫子”，如《論語·學而》：“子禽問於子貢曰：‘夫子至於是邦也，必聞其政，求之與？抑與之與？’”《莊子·天地》篇中子貢也被稱呼爲“夫子”，可見這一稱呼似也漸漸被用于弟子對老師的敬稱。

又如《史記・屈原列傳》：

> 懷王稚子子蘭勸王行："奈何絶秦歡！"懷王卒行。入武關，秦伏兵絶其後，因留懷王，以求割地。……長子頃襄王立，以其弟子蘭爲令尹。楚人既咎子蘭以勸懷王入秦而不反也。

此二例都是"其弟子+單名"，言語之間也看不到有師承關係的痕迹。

現在從"燕大夫"和"車"對話看，其中無"夫子"等明顯表現師承的敬稱，言辭多以規勸爲主。"其弟子車"當指他的弟弟子車。車是名，子是敬稱。"其弟子車"相當於《左傳》"之弟子臧"、《史記・屈原列傳》"其弟子蘭"。

對於"昔者文［王］□崇，能取而弗滅，以申其德也"一句，裘錫圭先生曾指出：

> 此句原釋文作：昔者［文王軍］宗。原注云：宗字與崇字通用。此處指周文王伐崇事。《左傳》僖公十九年說："文王聞崇德亂而伐之。軍三旬而不降。退修教而後伐之，因壘而降。"（4頁注｛四｝）按：從帛書圖版看，"文"字尚存上端殘畫，"宗"上一字尚存下部，細審似非"軍"字，故將此句釋文改爲"昔者文［王］□宗（崇）"。"宗"上一字雖非"軍"字，但似確爲從"勹"之字。《說文》謂"軍"字"从包省"，其實"軍""旬""匀"等字所從之"勹"，皆與"包"無關，而爲殷墟甲骨卜辭用爲"旬"的"ㄉ"字的變形……所以"宗"上一字如確實以由"ㄉ"變來的"勹"字爲偏旁，並从之得聲，仍然是可以讀爲"軍"的[①]。

《長沙馬王堆漢墓簡帛集成（三）》在按語中指出當存疑待考[②]。

今按："宗（崇）"上一字作，殘餘筆劃自右而下，向左，再向上。認爲是"勹"或"ㄉ"的意見，大致看到了字自右往下再往左的部分，但自左再上的部分似沒被關注到。此處殘餘筆劃也見於帛書的"圍"字。《戰國縱横家書》二十六"見田僕于梁南章"："兵者弗什弗圍"之"圍"字作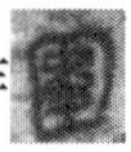，與之形體有頗多相似之處。頗疑

① 裘錫圭：《帛書〈春秋事語〉校讀》，《裘錫圭學術文集（第二卷）・簡牘帛書卷》，復旦大學出版社，2012年，第407頁。

② 裘錫圭主編 湖南省博物館、復旦大學出土文獻與古文字研究中心編纂：《長沙馬王堆漢墓簡帛集成（三）》，第173頁注釋［八］，中華書局，2014年。

“宗（崇）”上一字是“圍”字殘筆。圍，包圍。《左傳》隱公五年：“宋人伐鄭，圍長葛。”

現在重新檢討，本章原釋文“昔者［文王軍］宗（崇）”之“軍”，以及《左傳》僖公十九年“文王聞崇德亂而伐之。軍三旬而不降”之“軍”，似皆可指包圍。《說文·車部》：“軍，圜圍也。”銀雀山漢墓竹簡《十陣》：“疏而不可戚（蹙），數而不可軍者，在於慎。”整理者注：“《廣雅·釋言》：‘軍，圍也。’”[①]《周禮·秋官·朝士》：“凡盜賊軍鄉邑及家人，殺之無罪。”孫詒讓正義：“王安石、鄭鍔並釋‘軍’爲攻圍，屬下讀之。江永云：‘軍猶攻殺也。’惠士奇云：‘軍謂持兵者。……’案：王、鄭、江、惠說是也。”[②]可見“宗（崇）”上一字如看作是“圍”，與傳世文獻《左傳》僖公十九年“軍三旬而不降”的“軍”在意義上頗貼合。

《左傳》僖公十九年所記載的“文王聞崇德亂而伐之。軍三旬而不降”，作爲文王仁德的經典事例，經後人通過口耳及簡牘的傳承，似逐漸被簡省並用同義詞“圍”替換了其中的“軍”，而改寫成“昔者文［王］圍宗（崇）”。

附記：本節內容，初稿《釋〈春秋事語〉“殺里克”章的“責”字》（簡帛網2015年10月1日）、《帛書〈春秋事語〉“燕大夫”章補說》（簡帛網2015年10月2日），修改後題作《讀帛書〈春秋事語〉札記二則》，載於復旦大學出土文獻與古文字研究中心主編：《戰國文字研究的回顧與展望》，中西書局，2017年。

第四節　《長沙尚德街東漢簡牘》考釋

2016年12月由長沙市文物考古研究所編的《長沙尚德街東漢簡牘》一書[③]，圖版精美，考釋妥善。本節談談對部分簡文的考釋。

1. 詔書：庶人不與父母居者，爲仕伍，罰作官寺一年。084正

此條律文似强調庶人要與父母居而孝養父母。《後漢書·何敞傳》：“歲餘遷

① 銀雀山漢墓竹簡整理小組編：《銀雀山漢墓竹簡［貳］》，文物出版社，2010年，第189、191頁。

② 孫詒讓撰，汪少華點校：《周禮正義》，中華書局，2015年，第3411—3412頁。

③ 長沙市文物考古研究所編：《長沙尚德街東漢簡牘》，嶽麓書社，2016年。

汝南太守。敞疾文俗吏以苛刻求當時名譽，故在職以寬和爲政。立春日，常召督郵還府，分遣儒術大吏案行屬縣，顯孝悌有義行者。及舉冤獄，以《春秋》義斷之。是以郡中無怨聲，百姓化其恩禮。其出居者，皆歸養其父母，追行喪服，推財相讓者二百許人。”李賢注：“出居謂與父母別居者。其親先亡者，自恨喪禮不足，追行喪制也。”

2. 詔書：民同産滿五，毋復卒一人，家無所復得□□□[①]。084正

“民”下一字，整理者未釋，即“同”字。秦漢律文多見“同産”一詞。《後漢書·明帝紀》注：“同産，同母兄弟也。”

3. 詔書：民大父母物故，與母出居，當合訾給上徙所，俾孫得出。084正

“上”上一字整理者未釋，當是“給”。《説文》：“給，相足也。”《玉篇》：“給，供也，備也。”訾給，資助供給，見於《史記·平准書》：“大農以均輸調鹽鐵助賦，故能贍之，然兵所過縣，爲以訾給毋乏而已，不敢言擅賦法矣。”

“上”下一字，整理者疑作“從”，疑是“徙”字。“徙所”，即所遷徙的居所，對應上所提及“出居”。“徙所”也見於《二年律令》328、329號簡“恒以八月令鄉部嗇夫、吏、令史相雜案户籍，副臧（藏）其廷。有移徙者，輒移户及年籍爵細徙所，並封。留弗移，移不並封，及實不徙數盈十日，皆罰金四兩”、502號簡“令吏以縣次送至徙所縣”。

《二年律令》337～339號簡“民大父母、父母、子、孫、同産、同産子，欲相分予奴婢、馬牛羊、它財物者，皆許之，輒爲定籍。孫爲户，與大父母居，養之不善，令孫且外居，令大父母居其室，食其田，使其奴婢，勿貿賣。孫死，其母而代爲户。令勿敢遂（逐）夫父母及入贅，及道外取其子財。”簡文此處與之在文句上有相似之處，但在具體情形上有較大差異。

4. 詔書：清河孫昌受父母，出入七歲，欲賣不可許，札別。084背

入，整理者作“人”並指出是“入”字之誤。出入，大約。《漢書·史丹

① 家，從雷海龍：《〈長沙尚德街東漢簡牘〉釋文商補》，簡帛網，2017年3月3日。

傳》“君輔政出入三年”。按：該字作，與本牘二見“庶人”之人分別作、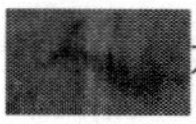有別，可直接作“入”。

“許”下一字原疑作“和”，李洪財先生疑作“科”[①]。當是“札”。《說文》：“札，牒也。”段玉裁注：“簿小者曰札”。《史記·司馬相如列傳》：“上許，令尚書給筆札。”

5. 上書紀匿其名，大不敬。212背

整理者注：上書，向君主進呈書面意見。《史記·袁盎晁錯列傳》：“及絳侯免相之國，國人上書告以爲反，徵繫清室。”

周海鋒先生指出，“上書紀匿其名”一句，“紀匿”不辭，當釋讀爲“絕匿”。《後漢書·獨行列傳·李業》：“絕匿名迹。”[②]

今按：“上書紀”之“書紀”，也見於《漢書·外戚傳》：“廢后因孊私賂遺長，數通書記相報謝。長書有悖謾，發覺，天子使廷尉孔光持節賜廢后藥，自殺，葬延陵交道廐西。”《漢書·佞幸傳》：“孊每入長定宫，輒與孊書，戲侮許后，嫚易無不言。交通書記，賂遺連年。”《後漢書·文苑傳》：“辟太尉府，病不就。州舉茂才，爲臨汾令，居二縣，皆有稱績。著文、賦、碑、誄、書記凡十二篇。”《漢書·趙廣漢傳》“廣漢嘗記召湖都亭長”，顔師古注：“爲書記以召之，若今之下符追呼人也。”

簡文“上書紀匿其名”指上“書紀”而匿名。所上之“書記”，采取匿名的形式，其性質類文獻之“投書”“飛書”。張家山漢簡《二年律令》65、66號簡“及投書、縣（懸）人書，恐猲人以求錢財”，整理者注：投書，匿名信。《三國志·國淵傳》：“時有投書誹謗者，太祖疾之，欲必知其主。”《後漢書·梁統傳》：“松數爲私書請托郡縣，二年，發覺免官，遂懷怨望。四年冬，乃縣飛書誹謗，下獄死，國除。”李賢注：“飛書者，無根而至，若飛來也，即今匿名書也。”

6. 妻淫失殺夫，不道。212

殺，原釋文作“煞”，當是筆誤。《二年律令》84號簡有“殺傷其夫，不得以夫

① 李洪財：《〈長沙尚德街東漢簡牘〉補釋》，簡帛網，2017年2月23日。

② 周海鋒：《〈長沙尚德街東漢簡牘〉校讀記（一）》，簡帛網，2017年2月22日。

爵論。”可參看。

7. 昔日少曉念以久也，今宜相還，故札表意，言不忘却，[①]叩頭再拜。251

札，原釋文未釋。《漢書·郊祀志》“卿有札書”顏師古注：“札，木簡之薄小者也。”

附記：原題作《讀〈長沙尚德街東漢簡牘〉札記》，刊載於《楚學論叢》第7輯，湖北人民出版社，2018年。此次收入略有刪節。

① 忘，原未釋，承雷海龍先生告知。

第四章　甘肅出土漢簡考釋

本章對甘肅出土肩水金關、居延漢簡部分簡文進行綴合、考釋。

第一節　《肩水金關漢簡（叁）》簡牘綴合、考釋

甘肅簡牘博物館等編著的《肩水金關漢簡（叁）》一書，2013年由中西書局出版。本節介紹閱讀《肩水金關漢簡（叁）》過程中所得文字考釋、綴合意見。

一

肩水金關漢簡73EJT31：101[①]：

> 九 └三年不用其田宅 └須其反也君憂臣勞
> 五十八

劉嬌先生指出其內容與《孟子·離婁下》“去三年不反，然後收其田里”相近；其中“君憂臣辱”句，在《國語·越語下》《史記·平準書》《史記·范雎蔡澤列傳》也有類似表述[②]。甚是。劉嬌先生引到陳劍先生對這處簡文的兩處重要改釋。

> 陳劍先生批閱小文時指出：簡文正面末三字實當釋“薨□死”。“死”字左邊“歹”旁尚存。“薨”字下部從“死”，左下角殘存的“歹”尚可分辨；頭部“首”上部省爲作“⊥”形，如北大漢簡《周馴》47簡“薨”字（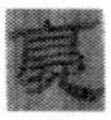）。倒數第二字亦非“臣”字。故正面簡文當改釋爲：

---

① 甘肅簡牘博物館、甘肅省文物考古研究所、甘肅省博物館等編：《肩水金關漢簡（叁）》，中西書局，2013年。

② 劉嬌：《居延漢簡所見六藝諸子類資料》，“第二屆古文字學青年論壇”，“中央研究院”歷史語言研究所，2016年1月28～29日。

九└三年不用其田宅└須其反也君薨□死

釋出薨、死二字，可以說已經基本解决了這枚簡文考釋中的諸多難點。

對於“薨”後一字，原釋文作“臣”，陳劍先生認爲當存疑，其字形作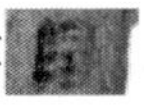，確實不大可能是“臣”字。居延漢簡73EJT37：1504b：

元康四年六月

吏民出入傳籍。

其中“民”字作，與之形體接近。“薨”後一字疑當釋作“民”。73EJT31：101釋文可改作：

九└三年不用其田宅└須其反（返）也。君薨民死

“民死”見於以下文獻：

夫治國者能盡地力而致民死者，名與利交至。（《商君書·算地》）

重刑少賞，上愛民，民死上；重賞輕刑，上不愛民，民不死上。（《商君書·靳令》）

重罰輕賞，則上愛民，民死上；重賞輕罰，則上不愛民，民不死上。（《商君書·去强》）

簡文“民死”指如君薨，民可爲君死，是以“三年不用其田宅└須其反也”這樣的惠政、寬政爲前提的。《管子·禁藏》：

故國多私勇者，其兵弱。吏多私智者，其法亂。民多私利者，其國貧。故德莫若博厚，使民死之。賞罰莫若必成，使民信之。

《鹽鐵論·未通》：

傳曰：“‘政寬者民死之，政急者父子離。’是以田地日荒，城郭空虛。夫牧民之道，除其所疾，適其所安，安而不擾，使而不勞，是以百姓勸業而樂公賦。若此，則君無賑於民，民無利於上，上下相讓而頌聲作。故取

而民不厭，役而民不苦。靈台之詩，非或使之，民自爲之。若斯，則君何不足之有乎？”

即明確提出“德莫若博厚，使民死之”，“政寬者民死之”這樣的治民方略。

相較《孟子·離婁下》所提及的三年後收民之田里，簡文“三年不用其田宅└須其反也”意思與之相近，大致也是三年的期限內不用民之田宅，以待民之返。此種寬政會帶來“君薨民死”的結果。

二

元康四年六月丁巳朔辛酉，都鄉有秩賢佐安漢敢告尉史宛□☒ Ⅰ
自言爲家私使張掖界中案毋官獄徵事，當爲傳，□□□□□□☒ Ⅱ
尉史衆敢言之。謹寫移音渠年爵如書，敢言之。☒ Ⅲ
六月丁巳，宛守丞魯陽右尉光謹移過所縣邑侯國☒ Ⅳ 73EJT31：20+73EJT31：34
印曰魯陽右尉印。 Ⅰ
二月丙辰盛音以來。 Ⅱ 73EJT31：34背+73EJT31：20背

二片側面茬口吻合（參附圖一），拼接後正面復原“自言爲家私使張掖”，背面復原“二月丙辰”及“來”等字。可綴合。

73EJT31：34近右側有一列殘字，原釋文未作標示，綴合之後可知這列殘字可與是73EJT31：20第二字諸字吻合。“當爲傳”下未釋字中的前五字，似爲“敢言之。謁移”，其中“謁“字可參考73EJT30：11“謁”字的寫法。肩水金關簡73EJT25：7作：

地節二年八月辛卯朔壬辰，西鄉有秩安敢告尉史温：夕阿里上造桃禹與葆同里龔縣自言取傳爲家私市張掖郡中 Ⅰ，案毋官獄徵事，當爲傳，謁移過所縣邑侯國，以律令從事，敢告尉史、有秩安。八月壬辰，尉史弘敢言之。 Ⅱ

有“案毋官獄徵事，當爲傳，謁移”這樣相似的表述，可以參看。

三

甘露二年三月庚寅朔丙辰，東部候長 I 廣宗敢言之：迺甲寅病温，四支不舉，未 Ⅱ 73EJT29：115能視事，謁報，敢言之。73EJT29：116

王廣宗印。I

三月己卯，騂北卒齊以來。Ⅱ 73EJT29：115背

原釋文將此二簡前後相次，但是否能連讀，則未作標示或說明。今從形制、字迹等方面看，二簡形制接近，字迹相同，文意方面"未能視事"，頗爲順暢。二簡當可連讀。

四

橐佗野馬隧長鳴葆氏池益城里上☐73EJT28：116+73EJT28：118

二片形制接近，茬口吻合（參附圖二），茬口接合處復原"隧"字。"橐佗野馬隧"見於73EJT21：136。當可綴合。

五

上党郡神爵五年戍卒名籍73EJT37：1448+73EJT37：1197

上党郡神爵五年戍卒名籍73EJT37：1448背+73EJT37：1197背

二片茬口吻合（參附圖三），可綴合。簡背面"戍卒名籍"連讀，也見於正面。

附記：第2～4條見於何有祖：《讀〈肩水金關漢簡（三）〉札記（一）》（簡帛網，2016年1月19日）、《讀〈肩水金關漢簡（三）〉札記（二）》（簡帛網，2016年1月20日）；第5條見於何有祖：《讀肩水金關漢簡札記（四則）》（簡帛網，2016年1月14日）。第2、4條修改後加上第1條被收入何有祖：《讀〈肩水金關漢簡（三）〉札記》，《古籍新詮》，香港中文大學中國語言及文學系，2019年。

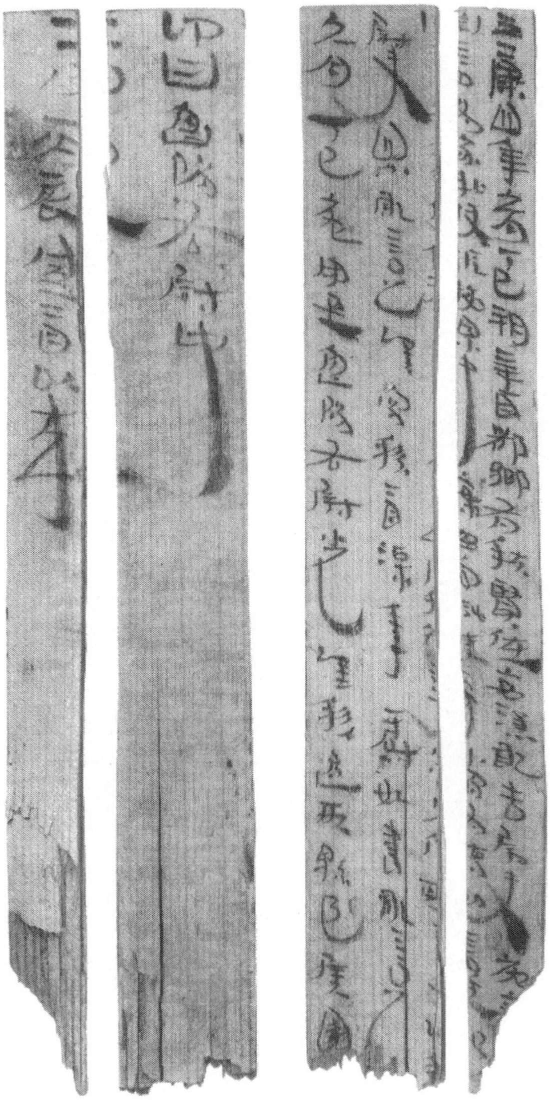

附圖一　73EJT31：20+73EJT31：34

附圖二　73EJT28：116
+73EJT28：118

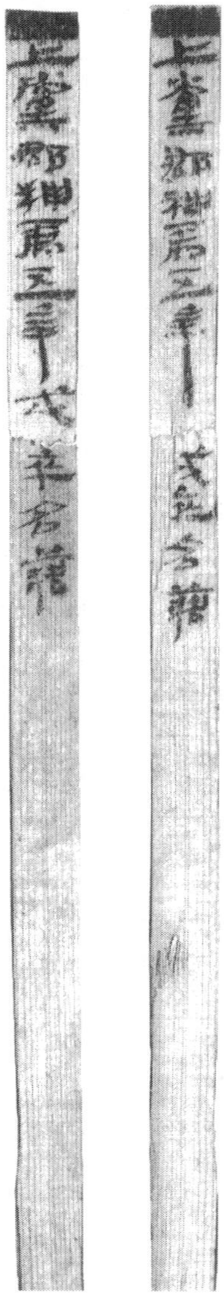

附圖三　73EJT37：1448
+73EJT37：1197

第二節　《肩水金關漢簡（肆）》簡牘綴合、考釋

甘肅簡牘博物馆等編的《肩水金關漢簡（肆）》一書，2015年11月由中西書局出版。本節介紹閱讀《肩水金關漢簡（肆）》過程中所得六條綴合意見。

一

《肩水金關漢簡（肆）》有二殘片，其釋文作①：

□甲候印一詣□ Ⅰ
□延井候印旦□ Ⅱ 73EJT33：13
觻得一詣靡谷候官四月癸卯 Ⅰ
鹿候官　卒朋夜食時□ Ⅱ
闌 Ⅲ 73EJT33：4

二片形制、筆迹皆頗相近（附圖一）。從文例上看，二殘片皆有"一詣"，與里耶秦簡中所見行書記錄作：

獄南曹書三封，丞印，二詣酉陽、一零陽。/卅年九月丙子旦食時，隸臣羅以來。8-1886

獄南書一封，丞印，詣洞庭尉府。卅三年十一月癸酉夕▨ 8-1823

肩水金關漢簡所見行書記載作：

居令延印，一封詣酒泉會水，一封詣張掖大守府，一封詣氐池，一封居延甲候。詣姑臧二封，張掖廣地候印，一封詣 Ⅰ

尉府，一封詣肩水城尉府。一封郭全私印，詣肩水城官。檄二居延令印，詣昭武。Ⅱ

① 釋文錄自《肩水金關漢簡（肆）》（甘肅簡牘保護研究中心等編撰，中西書局，2015年）。按：以下所列釋文據《里耶秦簡牘校釋（第一卷）》體例略作調整，參看陳偉主編，何有祖、魯家亮、凡國棟撰著：《里耶秦簡牘校釋（第一卷）》，武漢大學出版社，2012年。

□□卒高宗受槖他莫隧卒趙人即行，日蚤食時付沙頭亭卒充。Ⅲ73EJT23：938

在文例上有頗多相似之處。另，二片綴合後復原觻、鹿字，可知當可綴合。73EJT33：13+4釋文作：

☑甲候印，一詣觻得，一詣靡谷候官。四月癸卯☑Ⅰ
☑延井候印旦鹿候官。　　卒朋夜食時□☑Ⅱ
閑Ⅲ73EJT33：13+73EJT33：4

該牘記錄郵件發送所使用的印章、發往方向以及送件人到達的時間。比較里耶秦簡與肩水金關漢簡郵件所見的郵件發送記錄，可知秦代郵件發送記錄的格式、關鍵詞在漢代仍在使用。這成爲一條綴合類似材料的重要綫索。

二

肩水金關有二削衣，其釋文分別作：

……謁遷補Ⅰ
□□毋官獄徵Ⅱ73EJF1：102
五歲毋官獄徵73EJF1：99

今按：二削衣形制、色質及字迹相近，拼接可復原“五歲毋官獄徵”諸字（附圖二），當可綴合。73EJF1：99+73EJF1：102釋文可作：

……謁遷補Ⅰ
☑五歲毋官獄徵Ⅱ

“毋官獄徵”，也見於73EJT37：427“毋官獄徵事”。

三

肩水金關有二殘片，其釋文分別作：

□五腸一脘 Ⅰ
□茭一束□通 73EJH1：16
⧄□ AⅠ
⧄半斗 AⅡ
⧄出笥一合 AⅢ
…… BⅠ
出十五蜚廉半升。BⅡ
出十五地膚半升。BⅢ 73EJH1：16背
□□□部三百 A
……⧄ BⅠ
出八錢⧄ BⅡ
出十□⧄ BⅢ 73EJH1：32
出十狗肴半升 AⅠ
出十肉修廿枚 AⅡ
出□⧄ BⅠ
出□⧄ BⅡ 73EJH1：32背

二片茬口、紋路、色澤皆吻合，可綴合（附圖三）。綴合後的釋文作：

□□□部三百 A
…… BⅠ①
出八錢半斗。BⅡ
出十五蕳（笥）一合②。BⅢ
…… CⅠ③
出十五蜚廉半升。CⅡ
出十五地膚半升。CⅢ 73EJH1：32+73EJH1：16背
出十狗肴半升 AⅠ
出十肉修廿枚 AⅡ

---

① 此處有字迹，字數不詳。
② “笥”上一字，原釋文作“出”，當是“五”字。
③ 此處有字迹，字數不詳。

出卅五腸一脘[①]。B I

出四茭一束□通[②]。B II 73EJH1：32背+73EJH1：16

四

始建國元年八月庚子朔甲辰，居延守令城騎千人。丞良□卅井縣索肩水金關遣亭長程望73EJT35：8+73EJT35：9

……令史就。73EJT35：9背

二片字體、形制接近（附圖四），“卅井”與“縣……”相連，文例可參看73EJT24：160簡背“卅井縣索金關”，當可綴合。

五

☐犂金凡八枚輸居延庫以73EJT37：199+73EJT37：205

二片茬口、紋路吻合（附圖五），文例有“居延庫”，見於73EJT3：26等號簡，當可綴合。

六

上黨郡神爵五年戍卒名籍73EJT37：1448+73EJT37：1197

上黨郡神爵五年戍卒名籍73EJT37：1448背+73EJT37：1197背

二片茬口吻合，可綴合（附圖六）。簡背“戍卒名籍”連讀，也見於正面。

附記：第1條見於何有祖：《讀肩水金關漢簡札記（一則）》（簡帛網，2016年1月9日），第2、3條見於何有祖：《讀肩水金關漢簡札記（二則）》（簡帛網，2016年1月11日），第4～6條見於何有祖：《讀肩水金關漢簡札記（三則）》（簡帛網，2016年1月12日）。

---

① “五腸”上一字原釋文未釋，當是“卅”字。

② “茭”上一字原釋文未釋，當是“四”字。“通”上一字原釋文未釋，疑是“九”字。

附圖一　73EJT33：13
+73EJT33：4

附圖二　73EJF1：99+
73EJF1：102

附圖三　73EJH1：32背
+73EJH1：16

附圖四　73EJH2：6+
73EJH2：26

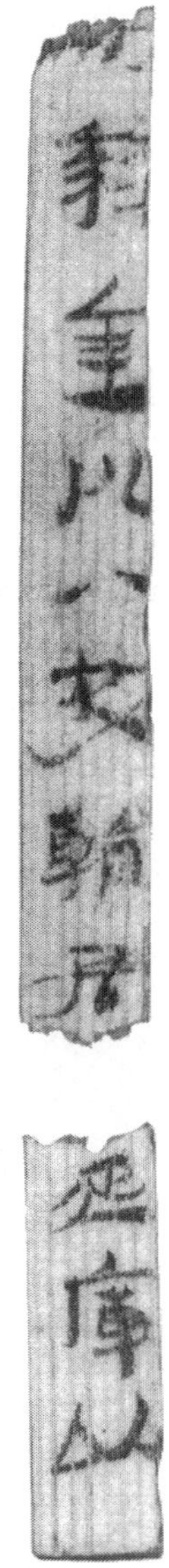

附圖五　73EJT37：199+
73EJT37：205

附圖六　73EJT37：1448+
73EJT37：1197

第三節　《居延漢簡（壹）》簡牘綴合、考釋

2014年12月出版的《居延漢簡（壹）》[①]，公布了一百號以前的簡牘的清晰的紅外綫圖版，附有校勘精審的釋文，並有諸多殘簡綴合，爲學界重新認識這批珍貴的資料提供了極大便利。本節介紹在閱讀《居延漢簡（壹）》過程中所得三條綴合意見。

一

有二片削衣同出於A8破城子，其中一片削衣長4.6厘米，寬2.1厘米，《居延漢簡（壹）》在最新的圖版旁附加釋文，我們加上行列號及分欄號後寫如下：

⍁□毋蘭$_{\mathrm{I}}$
⍁□不致署$_{\mathrm{II}}$
⍁少一
⍁□$_{\mathrm{A}}$
前⍁$_{\mathrm{I}}$
候⍁$_{\mathrm{II}}$
□⍁$_{\mathrm{III}\,\mathrm{B}68.41}$

另一片削衣長4.7厘米，寬2.1厘米，其釋文作：

⍁□□毋六楬⍁$_{\mathrm{I}}$
⍁□□深目二不事用⍁$_{\mathrm{II}}$
⍁□火尊一折不事用⍁$_{\mathrm{III}}$
⍁□毋席⍁
⍁不韋⍁$_{68.65}$

這二片削衣色質接近，寬度相同，有綴合的可能。讓我們能確認這二片削衣能綴合的，則是68.41第二欄第一列原釋作“前”的殘字：，與68.65第三列第一字殘筆作

① 簡牘整理小組：《居延漢簡（壹）》，“中央研究院”歷史語言研究所，2014年。

拼合所成的字，與同列的“尊”作爲同一字，即“尊”字。此列文句作“尊火尊一，折，不事用”。同出於A8破城子的82.1號簡有文句作“尊火尊一，不事用”，與之文例極爲接近，可以參考。由此可知68.41、68.65二削衣可綴合（附圖一）。綴合後的釋文作：

☒□毋蘭$_{\text{I}}$
☒□不致署$_{\text{II}}$
☒少一
☒□$_{\text{A}}$
□□毋六楬☒$_{\text{I}}$
□□深目二，不事用☒$_{\text{II}}$
尊火尊一折，不事用☒$_{\text{III}}$
候□□毋席☒$_{\text{IV}}$
□□□不韋☒$_{\text{V B68.41+68.65}}$

“尊火尊一，折，不事用”，其中“尊火尊”比較難解。82.1號簡“尊火尊一，不事用”，与本牘“尊火尊一，折，不事用”表述相近。本牘較82.1號簡多一“折”，《說文》：“折，斷也”。可見“折”是對火尊現狀的描述，“不事用”即不敷使用，是進一步的結論。

VB“不韋”，例見68.95“弩長辟二，不韋一，不事用”。韋，熟皮。《儀禮·聘禮》：“君使卿韋弁。”賈公彦疏：“有毛則曰皮，去毛熟治則曰韋。”《文選·任昉〈王文憲集序〉》“韋弦”李善注：“韋，皮繩。”不韋，當指所用非皮繩。

二

85.20、85.18二片削衣同出A8破城子，其中85.20長3.4厘米，寬0.5厘米；而85.18長3.8厘米，寬0.7厘米，顔世鉉先生指出二片綴合，其釋文作“五月丁亥□”[①]。此說甚是。如此這二片綴合後的寬度至少有1.2厘米。我們注意到85.8可以與這二片繼續綴合。85.8號簡長6厘米，寬1.3厘米，寬度與85.20+85.18接近，且色、質接近，有綴合的可能。讓我們能確認85.8能綴合在85.20+85.18之後的則是，85.8第一、二字殘筆正

① 顔世鉉：《居延漢簡（壹）》綴合補遺》，簡帛網，2015年1月26日。

可與85.20+85.18的“亥”以及其下的未釋字拼合，復原亥、居二字（參附圖二）。85.20+85.18+85.8釋文寫作：

五月丁亥，居延都尉德庫丞▨

我們注意到85.8號簡釋文旁，《居延漢簡（壹）》注曰：“‘居延都尉德庫丞’見139.13。”按《居延漢簡釋文合校》記139.13號簡釋文作[①]：

五月甲戌居延都尉德庫丞登兼行丞事下庫城倉［居］▨
用者書到令長丞候尉明白大扁書鄉市里門亭顯見▨

該釋文似可爲找到85.20+85.18+85.8剩下的殘片提供綫索。

三

▨□充▨$_{85.34+85.43}$

此二片削衣色質相近，形制接近。85.43長2.2厘米，寬1.2厘米；而85.34長2.8厘米，寬1.4厘米，寬度上接近。85.43“充”字捺筆殘缺，正好由85.34予以補足，可知二片當可綴合（附圖三）。

附記：原題作《讀〈居延漢簡（壹）〉札記（三則）》，中國文化遺産研究院編：《出土文獻研究》第十六輯，中西書局，2017年。

① 謝桂華、李均明、朱國炤：《居延漢簡釋文合校》，文物出版社，1987年，第230頁。

附圖一　68.41+68.65

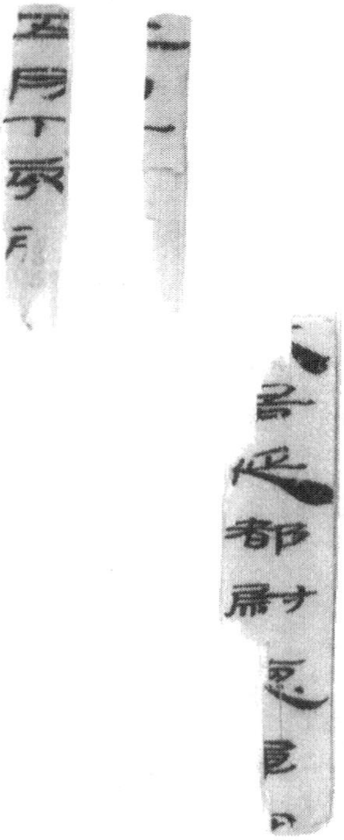

附圖二　85.20+85.18+85.8

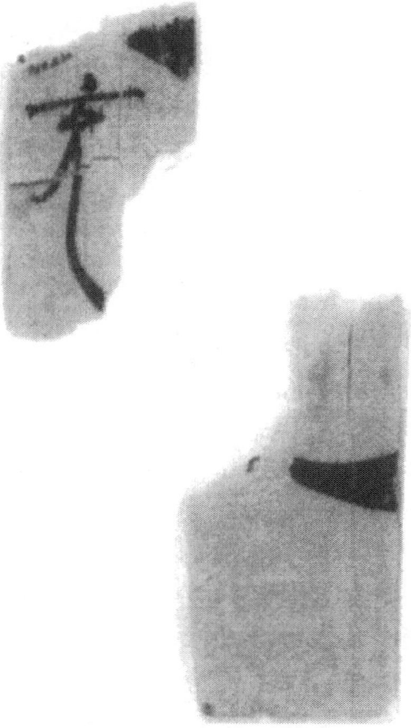

附圖三　85.34+85.43

第五章　廣州市、安徽天長出土漢簡牘考釋

本章對廣州南越國宮署遺址西漢木簡、安徽天長紀莊漢牘加以考釋。

第一節　廣州市南越國宮署遺址西漢木簡考釋

在《考古》雜志上發布的《廣州市南越國宮署遺址西漢木簡發掘簡報》一文中[①]，整理者介紹了新出土的南越西漢木簡。這批木簡百餘枚，內容主要包括籍簿和法律文書。本節主要就整理者提供的幾支木簡談些淺見。

一

簡97：弗得，至日夕時，望見典憲驅其所牧☐

簡97原讀作“弗得至，日夕時竪見典憲驅其所牧☐”。其中“至”今改屬下讀。句式“至……時”，出土文獻中頗爲常見，如睡虎地秦簡《秦律十八種·徭律》“至秋毋（無）雨時”。又《傅律》“至老時不用請”。而“竪見”今改釋爲“望見”。望字在漢隸中有兩種寫法，其一見於《二年律令》243、256等，左上部所從臣實際上是“目”的變體，會回頭顧望之意，最早可追溯至甲骨文。何琳儀先生指出甲骨文“望”字“會人立土上舉目之意”[②]。按照何先生意見，此類文字從甲骨文一直流傳至漢隸。不過需要做補充的是，此型文字比較常見於戰國時代秦系文字中，如《戰國文字編》“望”字條下並沒有列舉其他六國的文字，却收入了睡虎地秦簡《爲吏之道》的字形。我們知道戰國時代，當其他六國另起爐灶改造文字的時候，秦系文字仍大致遵循著與西周金文相沿襲的傳統。而漢承秦制，漢初“望”字多用型，

① 廣州市文物考古研究所、中國社會科學院考古研究所、南越王宮博物館籌建處：《廣州市南越國宮署遺址西漢木簡發掘簡報》，《考古》2006年第3期。

② 何琳儀：《戰國古文字典》，中華書局，1998年，第725頁。

就比較好理解了。其二，以“亡”爲聲符，《秦漢魏晉篆隸字形表》所收望字皆同，如《漢引徵》，此類字走的是形聲字路綫，楚簡實即已存在，如郭店《語叢二》33號簡。另外《戰國文字編》第573頁“望”字條下即收入此型文字。我們所討論的南越國出土木簡文字與第一型字相同。總的來說，南越國木簡所用“望”字與漢初竹簡所用望字相同，與秦系文字爲一脉相承。從中可以窺見中央王朝（秦、漢）對南越國文化的輻射，這也是與南越國相繼在秦漢王朝統治下的事實相符合的。望見，即從遠處看。《史記·外戚世家》：“既飲，謳者進，上望見，獨說衛子夫。”《漢書·郊祀志》：“船交海中，皆以風爲解，曰未能至，望見之焉。”《漢書·外戚傳》：“乃夜張燈燭，設帷帳，陳酒肉，而令上居他帳，遙望見好女如李夫人之貌，還幄坐而步。”“夕時”，亦見於湖北關沮周家台三〇號墓秦簡中：“……日中、日過中、日失、餔時、下餔、夕時、日毚入、日入……”按其排序推斷，其具體時段應該在下午五時左右[①]。“所牧”可指所放牧的畜産。漢簡中牧常用作放牧之意，如張家山漢簡《二年律令》簡49“賊殺傷人畜産，與盜同法。畜産爲人牧而殺傷”、簡254“禁毋牧彘”、簡433“亡、殺、傷縣官畜産，不可復以爲畜産，及牧之而疾死，其肉、革腐敗毋用，皆令以平賈（價）償。入死、傷縣官，賈（價）以減償”。

簡文大意是，（放牧人四處尋找牲畜而）沒有發現，到下午五點左右，從遠處望見典憲正驅趕著他的牲畜。

二

簡054：□□版，□給常書，内高木宮四版，樂復取。廿六

“常”後一字原未釋，今釋爲“書”。“書”字漢簡較爲常見，如《二年律令》12號簡作，14號簡作，皆可證。雖然“常書”讀作“尚書”，在音理上可以說通。但由於木簡開頭有幾個字沒有釋出來，現在暫時只能當作一種猜測。另外，由於我們在典籍中沒有找到“常書”直接用作官名的例子，我們懷疑“書”字在此也可用作動詞，爲書寫之意。“内”，疑讀爲納，《漢書·趙充國傳》“賜璽書嘉納其册”。“版”在簡文中兩見，由於文句不通而不知其意。今考之典籍，“版”可指“版築”之版，如《漢書·黥布傳》“項王伐齊，身負版築”，李奇曰“版，墻版也”。有時進而用作量詞，如《史記·趙世家》：“三國攻晉陽，歲餘，引汾水灌其

① 陳松長：《帛書〈出行占〉中的幾個時稱概念略考》，簡帛網（www.bsm.org.cn），2005年11月21日。

城，城不浸者三版。”《正義》何休云：“八尺曰版。”或指用於書寫的版，如《史記·張丞相列傳》：“好書律曆。秦時爲御史，主柱下方書。”《集解》如淳曰：“方，版也，謂書事在版上者也。秦以上置柱下史，蒼爲御史，主其事。或曰四方文書。”有時進而代指名籍，如《後漢書·仲長統傳》：“明版籍以相數閱，審什伍以相連持。”《周禮》曰：“凡在版者。”注云：“版，名籍也，以版爲之。”由於簡文中有“書”字，我們懷疑“版”是“書”的賓語，即用於書寫的版。至於是否指代名籍，現有材料還無法看出來。

三

簡108：軍時得入朝盈，及時就酒食盈

簡67：▨遠我等，擊盈，已擊，乃歸南海▨

簡108原讀作“軍，時得入朝盈，及時就酒食，盈”。今作兩小句處理。“時”，原釋爲“時”，其左部墨迹雖有部分脱失，以至於看起來似乎從“日”，但細審之下，我們發覺此字下筆頗勁，筆力所及之痕迹仍尤爲明顯，左部疑可看作從田，與簡97“時”字左部所從“日”有些不同。另外由於左部“田”相較“日”而言筆劃多一些，這就必然會多占據木簡一些位置，與之對稱的“寺”的大小與所處位置相應的也有所不同。“軍時”與“及時”對文，分别描述戰爭與祭祀兩種情形。在文意，以及字數對應方面也是比較整齊的。綜合以上因素，我們懷疑可以釋爲“畤”。這裏需要對“畤”再多說幾句。先秦已設置四畤，漢初設“北畤”。即《漢書·郊祀志》：“二年，東擊項籍而還入關，問：‘故秦時上帝祠何帝也？’對曰：‘四帝，有白、青、黃、赤帝之祠。’高祖曰：‘吾聞天有五帝，而四，何也？’莫知其說。於是高祖曰：‘吾知之矣，乃待我而具五也。’乃立黑帝祠，名曰北畤。”祭祀黑帝，當是漢廷之重大祭祀儀式，諸侯國均需遣使乃至親赴。“及畤就酒食盈”當指參與畤之祭祀儀式，並在祭祀完成後分酒食以獲瑞祥。由於趙佗多托病未朝，此處也許是遣使前往。

簡67原讀作“▨遠我等擊盈，已擊，乃歸南海▨”，此改讀。“遠我等”與“擊盈”疑爲因果關係。頗可玩味的是簡108、67皆見“盈”。整理者認爲“盈”爲人名，秦漢習見，如漢惠帝名盈。這是比較好的意見。不過從簡108“軍時得入朝盈，及時就酒食盈”，我們可以看出“盈”之地位頗爲尊崇，而簡67“遠我等，擊盈，已擊，乃歸南海”，所提及“擊盈，已擊，乃歸南海”的主語當爲與“盈”處於對立地位的另一勢力。要對這種對立勢力有清楚的認識，還需要瞭解漢初漢廷與南越國之間的一些史實。

據《史記·南越列傳》，南海于秦亡之時便被趙佗掌控，直至南越國滅，未有脱離。其間趙佗曾于漢高祖十一年臣服漢廷，稱南越王，與漢廷“剖符通使，和集百越，毋爲南邊患害，與長沙接境”。至高后時，因“有司請禁南越關市鐵器”，趙佗趁機自稱南越武帝，並僭享帝制，即“乃乘黄屋左纛，稱制，與中國侔”。至孝文帝元年才去除帝號，使人朝請，但是仍享帝實，即“其居國竊如故號名，其使天子，稱王朝命如諸侯。”簡91“張成，故公主誕舍人，廿六年屬 將常使□□□番禺人”，簡116“受不能□痛乃往二日中陛下”，所見“故公主”“陛下”等字樣或可窺見當時情狀。

史書記載，當時名爲“盈”，且能與趙佗並立者，似爲漢孝惠帝劉盈。《漢書·惠帝紀》：“孝惠皇帝，高祖太子也，……高祖初爲漢王。二年，立爲太子。十二年四月，高祖崩。五月丙寅，太子即皇帝位，尊皇后曰皇太后。”荀悦曰：“諱盈之字曰滿。”應劭曰：“禮謚法‘柔質慈民曰惠’。”顔師古曰：“……知帝諱盈也。”南越國出土木簡對漢廷只稱作“盈”，似“盈”即爲南越國對中央王朝之代稱。而以某人名代稱某勢力，似爲秦漢時之習語。如《漢書·高帝紀》：“章邯已破項梁，以爲楚地兵不足憂，乃渡河北擊趙王歇，大破之。”又《高帝紀》“田榮聞羽徙齊王市于膠東而立田都爲齊王，大怒，以齊兵迎擊田都。都走降楚”。簡67“擊盈”疑是對漢帝劉盈所屬漢廷勢力作打擊之簡稱。

簡108“軍時得入朝盈，及時就酒食盈”，可見南越國對漢廷有軍事上之義務，並需參與漢廷重大的祭祀儀式，此疑是反映趙佗反漢之前的情形。

而簡67“遠我等”即《史記·南越列傳》所載趙佗所抱怨之“高帝立我，通使物，今高后聽讒臣，别異蠻夷，隔絕器物”，而“擊盈，已擊，乃歸南海”即《史記·南越列傳》所載“于是佗乃自尊號爲南越武帝，發兵攻長沙邊邑，敗數縣而去焉”。總之，簡67疑反映趙佗叛漢自立時的情形。

需要指出的是，被趙佗引爲反叛之藉口的所謂“有司請禁南越關市鐵器”，當是對南越軍事資源獲取途徑的進一步限制。因爲據張家山漢簡《二年律令》簡493“其令諸關，禁毋出私金”，漢廷對與諸侯國之間金屬流通早有管制（鐵器當然也包含在内），南越國想從漢廷直轄地獲取鐵器等戰略物質，可能性不是太大。而“禁南越關市鐵器”，則在理論上卡斷了南越國從漢廷的其他諸侯國獲取鐵器的惟一途徑。這是趙佗所難以容忍的。當時高后爲女流之輩，惠帝年紀尚輕，國内矛盾頗多，也許是爲趙佗趁機反叛自立的原因之一。

附記：本節内容，初稿《新出南越國西漢木簡管窺》（簡帛網，2006年12月30日），修改後題作《廣州南越國宫署遺址出土西漢木簡考釋》，載於《考古》2010年第1期。

第二節　安徽天長紀莊漢牘考釋

《文物》2006年第11期刊載的《安徽天長西漢墓發掘簡報》介紹了一批木牘[①]。據整理者言，這批木牘出土於頭厢，有34片，約2500字；木牘保存相對完整，兩面皆爲隸書，其內容涉及户口簿、算簿、書信、木刺、藥方、禮單等。當然，《簡報》實際公布木牘14片，涉及户口簿、算簿、書信等，整理者做了較好的工作，以下主要討論“書信牘”的釋讀問題。

整理者所公布的書信一共8組，涉及木牘11片，其中有3片木牘背面有字。以下對這8組書信分別斷句，並對釋讀有問題的幾件做一些討論。

1. 書信一

見於圖版二五，釋文作：

> 丙充國謹伏地再拜請：孟馬足下，春氣始至[②]，願孟馬侍前，强幸酒食，道出入。謹伏地再拜，言充國所厚善槿（勤）吏。充國願孟有（？）厚薦左右，充國伏地幸甚，有□□。充國謹得奉聞，孟能急毋恙，□伏地再拜

“願孟馬侍前”，“馬”原釋作“爲”。整理者已經介紹過，“馬足下”是書信常見格式。現所見牘文有“孟馬足下”“幼功馬足下”等語句，我們懷疑“孟馬侍前”表示方法與“孟馬足下”近似，當然區別也是比較明顯的。“……侍前”指服侍某人的人。《晏子春秋》“景公欲誅駭鳥野人晏子諫”章有“晏子侍前左右”。所謂的“馬侍前”“馬足下”，從字面意思上看，指服侍對方馬的人，或在對方馬的足下，與將皇帝稱作“陛下”倒有幾分相似，都是說話人通過言語上的自我貶抑而反襯對聽話人身份的尊崇，在此時已經成爲一種習慣。“願孟馬侍前”，指願意服侍在謝孟的馬的左右，實際上指願意服侍謝孟。這裏用到“願”字，顯見實際上丙充國可能並沒有在謝孟身邊服侍。

“道出入”後有四字，原釋文作“故（？）飲（？）酒（？）”，懷疑有三個

---

① 天長市文物管理所、天長市博物館：《安徽天長西漢墓發掘簡報》，《文物》2006年第11期。

② “春”字從劉樂賢先生釋。見劉樂賢：《天長紀莊漢墓“丙充國”書牘補釋》，《簡帛》第3輯，上海古籍出版社，2008年。

字。此處墨迹雖偏淡，但仍可辨别出有四字，即“伏地再拜”，上文即有“謹伏地再拜”一詞，可堪比對。“强幸酒食”，圖版二七有“幸進酒食”，圖版三五有“少進酒食”，含義大致相似。《漢書·成帝紀》“其後幸酒，樂燕樂”，顔師古注引晉灼曰：“幸酒，好酒也。”敦煌漢簡有“强餐飯”[①]。

“所厚善”，原釋文作“所厚言”。“言”應改釋爲“善”。《漢書·翟方進傳》：“及長坐大逆誅，諸所厚善皆坐長免，上以方進大臣，又素重之，爲隱諱。”又“方進乃起視事，條奏長所厚善京兆尹孫寶、右扶風蕭育，刺史二千石以上免二十餘人，其見任如此。”

“槿（勤）吏”，“槿（勤）”原未釋，字當從木從堇，讀作“勤”。“勤吏”即典籍所言“勤事吏”。《漢書·元帝紀》“賜吏六百石以上爵五大夫，勤事吏二級”。“所厚善槿（勤）吏”指厚遇勤勉之吏。

“謹得奉聞”，原作“願得奉聞”，同牘有“謹”可以比對。

“孟能急毋恙”，其中“能”原未釋，我們發現圖版二七“能”字形與之同，故而釋作“能”。《史記·魏公子列傳》“平原君使者冠蓋相屬於魏，讓魏公子曰：‘勝所以自附爲婚姻者，以公子之高義，爲能急人之困。’”

2. 書信二

A面（圖版二六）、B面（圖版二七）：

賁且伏地再拜請：孺子孟馬足下，賁且賴厚德到東郡，幸毋恙。賁且行守丞，上計以十二月壬戌到洛陽，以甲子發兵廣陵。長史卿俱□，以賁且家室事羞辱左右。賁且諸家死有餘罪，毋可者，各自謹而已；家毋可封者，且完而已。賁且西，故自亟爲所以請謝者，即事復大急，幸遣賁且記孺子孟歸亡桃事，欲以遠，謹爲故書，不能盡意，幸少留意志。歸至未留東陽，毋使歸大事，寒時幸進酒食。甚（？）察諸賁且過孟故縣毋緩急[②]，以吏亡劾，毋它事，伏地再拜。孺子孟馬足下

“上計”，原釋文作“上訂”，不辭，此改釋作“上計”。《後漢書·文苑傳·趙壹傳》：“光和元年，舉郡上計到京師。”

---

① 《敦煌漢簡釋文》，第23頁。

② 編按：“緩”，從劉樂賢先生釋作“緩”，相關斷句也請參看劉樂賢：《天長紀莊漢墓“丙充國”書牘補釋》，《簡帛》第3輯，上海古籍出版社，2008年。

“羞辱左右”，原釋文作“受（？）辱左右”，今據圖版改釋。“羞辱”一詞典籍常見。《漢書·酷吏傳》：“一坐軟弱不勝任免，終身廢棄無有赦時，其羞辱甚於貪污坐臧。”《商君書·算地》：“羞辱勞苦者，民之所惡也。”“左右”是“賁且”的自謙，取自位於謝孟左右之意。“以賁且家室事羞辱左右”指長史卿等以賁且家室事羞辱賁且。

“自謹”指自我約束。《史記·三王世家》：“王可自謹，無自令身死國滅，爲天下笑。”

家毋可尌者，且完而已。“尌”，整理者釋“鼓”，我們曾讀作“屬”。今按：字實從壴從又，是尌字異體[1]，讀作“樹”。《說文》：“樹，木生植之總名。從木、尌聲。尌，籀文。”段玉裁注：“植，立也。”[2]《廣韵·遇韵》：“樹，立也。”“樹”可指培養造就人材。《管子·權修》：“一年之計，莫如樹穀；十年之計，莫如樹木；終身之計，莫如樹人。”尹知章注：“樹人，謂濟而成立之。”劉向《說苑·復恩》：“陽虎得罪於衛，北見簡子曰：‘自今以來不復樹人矣！’”家毋可樹者，指（賁且）家人沒有可以值得培養造就的。“且諸家死有餘罪，毋可者，各自謹而已；家毋可尌（樹）者，且完而已”，皆爲賁且自謙之辭。“即”，原作“即（？）”，從木牘看，當釋爲“即”。即，如果。

“幸遺賁且記孺子孟歸亡桃事”，“遺”，原作“遣”，《二年律令》232號簡有“遣”字，形體與之不類；此字右下從“貝”明顯，《二年律令》376號簡“遺”字與之同。“桃”可讀作“逃”。“亡桃事”即“亡逃事”。“孺子孟”後一字，原釋爲“通”，其實就是下文的“歸”，即“歸至未留東陽”，“毋使歸大事”。通字右上寫法稍變易，但從文意上來說，與下文的“歸”應是同一字。所以此處“通”也應該改釋爲“歸”。

欲以遠，其中“欲”，整理者釋“願”。今按：願，希望。《楚辭·九章·惜誦》：“固煩言不可結詒兮，願陳志而無路。”王逸注：“願，思也。”《漢書·蕭何傳》：“願君讓封勿受，悉以家私財佐軍。”這裏表達希望之意，應可從。不過字形這塊還可推敲。字簡文作：

（用B表示）

而天長漢牘“願”字常見作：

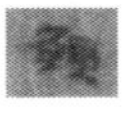（圖二五）　（圖三〇）

---

① 樹、鼓之別，請參看裘錫圭先生《釋尌》，《龍宇純先生七秩晉五壽慶論文集》，學生書局，2002年，第189～194頁。

② （漢）许慎撰，（清）段玉裁注：《说文解字注》，浙江古籍出版社，1998年，第248頁下。

天長漢牘“欲”字作：

（圖三一）

參考楚、漢簡中的欲字：

（郭店《老子甲》2）、（上博《魯邦大旱》5）

、（《二年律令》101、160）

可知B與“願”字形體差別較大，B可分析爲從谷從欠，是“欲”字。欲，願望。《孫子·謀攻》：“上下同欲者勝。”《孟子·梁惠王上》：“吾何快於是，將以求吾所大欲也。”漢桓寬《鹽鐵論·本議》：“農商工師，各得所欲。”也可指希望。《商君書·更法》：“今吾欲變法以治。”《史記·陳丞相世家》：“張負歸，謂其子仲曰：‘吾欲以女孫予陳平。’”欲以遠謹爲故，意爲希望出於長遠打算及謹慎考慮的緣故。

“歸至未留東陽”，“未”原釋爲“來”，但是上一字爲“至”，緊接著又説“來”，不免重復，從字形看的確是“未”字。這小句大意是歸到了東陽，但是沒有作停留。“毋綬”辦公是比較嚴重的事情[1]。《漢書·霍光傳》：“更以禹爲大司馬，冠小冠，亡印綬，罷其右將軍屯兵官屬，特使禹官名與光俱大司馬者。”原釋文“急以支亡劾”，不可解，“支”疑當改釋作“吏”，官吏過縣無綬，罪比官吏逃亡劾論。

3. 書信三

A面（圖版二八）：

卿體不便，前日幸爲書屬宋椽使横請，東陽丞英横宜身至床（牀）下，敀（迫）不給，謹請司空伏非奉謁，伏地再拜謝，因伏地再拜請病，□馬□足下

B面（圖版二九）：

進謝卿

“體”，左從肉，此讀作體。“迫”，原釋作“敢”，實從白從“攴”，讀作

① 編按：“綬”，從劉樂賢先生釋作“緩”，相關斷句也請參看劉樂賢：《天長紀莊漢墓“丙充國”書牘補釋》，《簡帛》第3輯，上海古籍出版社，2008年。

“迫”。牘文所言“卿”，似即書信二（圖版二六）所言“長史卿”。

英橫，整理者釋作“莞橫”。今按：《元和姓纂》卷四記載：“莞氏，《姓苑》云：吳人，音宮。”可知“莞”有直接用爲姓氏的可能。不過戰國文字“莞”字寫作（包山263號簡），用爲莞席。漢簡中的莞，如張家山漢簡《奏讞書》167“莞席”，也是一種席子，《漢書·東方朔傳》“莞蒲爲席”，顏師古曰：“莞，夫離也，今謂之葱蒲。以莞及蒲爲席，亦尚質也。莞音完，又音官。”暫時還未找到以“莞”直接作爲姓氏的例子。我們認爲有必要對莞字重新辨識，簡文作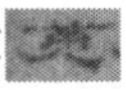（用A代表），下部可能並不所從“完”。我們知道“完”或“莞”字所從的“元”，《說文》解釋爲“始也，從一從兀”，何琳儀先生對“元”字有較爲系統的表述，其中對“元”的形體結構分析爲：

> 元，商代金文作，象人而突出頭部之形，甲骨文作，上加短橫爲飾①。

再佐以楚簡中“元”字，以及漢簡中的“完”“莞”字的寫法：

（元，上博《周易》簡20）、（冠，上博《容成氏》簡52）
（莞，張家山漢簡《奏讞書》簡167）
、（完，《馬王堆簡帛文字編》②）

可知，上列諸字中的“元”，象人而突出頭部之形，甲骨文已有在其上加上一短橫的寫法，並沿襲至今。回過頭來看A，下部並不從元，我們把與之寫法接近的字羅列於下：

、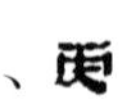（《馬王堆簡帛文字編》，第17頁）
（《二年律令》簡449）
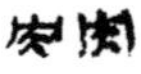（《馬王堆簡帛文字編》，第216頁）

比較上揭英、央字，可知A下部應從央，是英字。《說文》“英，艸榮而不實者。……從艸，央聲。”“英”可用爲姓氏，《史記·黥布列傳》：“黥布者，六人也，姓英

① 何琳儀：《戰國古文字典》，中華書局，1998年，第1014、1015頁。
② 陳松長：《馬王堆簡帛文字編》，文物出版社，2001年，第302頁。

氏。”《索隱》按：“布本姓英。英，國名也，咎繇之後。”《通志·氏族略》：“英氏，偃姓，臯陶之後，以國爲氏。漢有英布，爲九江王，望出晉陵。”“東陽丞莞横”應改釋爲“東陽丞英横”，爲書信的説話人。

書信牘信頭一般在右起第一列，裹面含有寫信人的信息，如圖二五“丙充國”書信“丙充國謹伏地再拜請”，圖二六“賁且”書信牘：“賁且伏地再拜請”，基于這樣的考慮，牘文“卿體不便前日幸爲書屬宋椽使横請”，其中的“横”與“英横”應是同一人。

4. 書信四（圖三〇）

賴幼功病，少愈，中月且盡勝，願幼功爲少孫家中故，慎出入，事事不可不慎也。有來者賴幼功時賜餘教，緩急毋恙，[1]伏地再拜以聞，幼功馬足下。

“中月且盡勝”指月中病將痊癒。《史記·天官書》：“色勝位，有位勝無位，有色勝無色，行得盡勝之。”“少孫”，人名，不詳。《漢書·儒林傳》：“先事式，後東平唐長賓、沛褚少孫亦來事式，問經數篇，式謝曰：‘聞之於師具是矣，自潤色之。’”原牘“伏地”後有“再”字。“伏地再拜”爲此類書信常語。

5. 書信五（圖三一）

爲也得知孟，孟□棄□不□人數，中遂數通平安，所聞者不善，遂前□噂其毋恙往來者少年，遂迫之，未暴□也，遂取諸家。少年說，噂之未報也。遂願爲孟盡力取之，其執（？）不出，反以遂爲讓。遂使少年攻，以言孟，唯病，幸急來見遂也，即不能。始能報遂，欲東之，平安侍孟報，幸察之，即使□從者奉書，伏地再拜，再拜孟幡車，幾幸以賈賜之，遂止毋車甚甚。

“棄”，原未釋，此據木牘釋出；“人數中”，“數”原亦未釋，上下文意未詳。“數通”原釋“出入”，“數通平安”指數次通報平安的消息。“毋恙”即典籍所言之“無恙”“亡恙”，指無憂病。《漢書·賈誼傳》“淮陰侯尚王楚，黥布王淮南，彭越王梁，韓信王韓，張敖王趙，貫高爲相，盧綰王燕，陳豨在代，令此六七公者皆亡恙”，顔師古注：“無恙，言無憂病。”“迫”，從“白”從“攵”。“未暴

① 編按：“緩急毋恙”從劉樂賢先生釋（參見劉樂賢：《天長紀莊漢墓“丙充國”書牘補釋》）。

□也”，原作“不□□□”，此據木牘釋出。“遂迫之，未暴□也”大意指逼迫少年，但是並沒有使用暴力。“遂取”原亦未釋，此據木牘釋出。“其執（？）不出，反以遂爲讓”，“其”原釋爲“期”，這裏用作代詞。“反以遂爲讓”，指反而責怪“遂”。“遂”在木牘中多見，應即此木牘說話人，而此木牘不見信頭，應該只是書信的一部分。

“即不能。始能報遂”，原作“印（？）不脂始報遂”。“印（？）”當改釋爲“即”，“脂”改釋爲“能”，“始”後其實還有一個字，疑釋作“能”。“幸察之”，“察”原未釋。“察之”典籍常見。《史記·陳丞相世家》“平，反覆亂臣也，願王察之。”“即使□[從]者奉書”，“即”原釋爲“印”。牘文指遂幸好覺察，並立即遣使者送書信。“幾幸”，僥幸。《漢書·賈誼傳》“今四維猶未備也，故奸人幾幸，而衆心疑惑。”《漢書·陳平傳》“高帝怒曰：‘噲見吾病，乃幾我死也。’”顔師古注引孟康曰：“幾幸我死也。幾音冀。”《漢書·司馬相如傳》：“列卒滿澤，罘罔彌山。”顔師古注：“罘，覆車也，即今幡車罔也。”木牘所見“幡車”，當即顔師古所言之“今幡車”。可知漢時亦有“幡車”。

6. 書信六（圖三二）

☑伏地再拜
[進]書
[孟]馬足下
□□孟
謝漢
進
東陽
謝孟

此書信見“謝漢”“謝孟”，詳情則不明。

7. 書信七（圖三四）

☑伏進言歲足下，今得公孫翁曲臧（藏）
☑□七寸，賈錢四千四百，毋中梁，爲取廣
☑人來上告齊，予錢人賈，以爲齊如軍

“伏進言歲足下”格式與書信格式一致，故歸入書信這一類。“進言”與“歲”之間原釋文認爲有一字，查看圖版，“進言”後面直接就是“歲”字。“今”後一字，原未釋，此當釋爲“得”。“臧”讀作“藏”。“公孫翁曲”，應是人名。“公孫”爲姓，《史記·平准書》有“公孫臣”“公孫弘”。《史記·韓長孺列傳》有“聶翁壹”。“今得公孫翁曲臧（藏）☑□七寸”指買得公孫翁曲所藏的某物，該物體長七寸，價值4400錢。“人來”後一字，原未釋，當釋爲“上”。“予”，原釋爲“么”。“予錢”即給錢。木牘言及“歲”“齊”等人，但由於木牘上部已失，身份不明。書信說話人身份也不明確。

8. 書信八A（圖版三五）、B（圖版三六）

孟瘦不安善，少諭（愈），被宜身數至北視病，不宵（肖）伏病，幸毋重罪，幸甚幸甚。賤弟方被宜身至前，不宵（肖）伏病，謹使使者奉書，伏地再拜請，孟馬足下，寒時少進酒食，近衣、炭慎，病自愈以還，被幸甚幸甚。A米一石鷄一隻，賤弟方被謹使使者伏地再拜。進孟北厨野物，辛卯，廷被，幸甚幸甚B

“瘦”，原作“膿”。圖版二八有“體”字，右部形體不同。此字疑從肉，叟聲，讀作“瘦”。《漢書·張湯傳》：“當相坐，安世瘦懼，形於顔色。”《漢書·鄒陽傳》：“今夫天下布衣窮居之士，身在貧羸”，顔師古注：“衣食不充，故羸瘦也。”瘦並不是一種病態，但是若是“瘦不安善”則是生病了。相近的表述，圖版二八作“體不便”，大概是說話人的隱諱之詞。

“少諭”應讀作“少愈”，圖版三〇即有“少愈”可證。“被”即圖版三六之“方被”，在圖版三五、三六中是說話人。方被，在最後落款時候稱作“廷被”，“廷”應是其官職。相對於“孟”，方被自稱“賤弟”“不肖”，致謙卑之意。“北”，原釋文疑作“疕”，此重新改釋。“北”當是就說話人與“孟”之間所對應的方位而言，此處指方被本應北上探視“孟”的病情，致恭敬之意。“伏病”指長時間患病，方被在此述說無法親自探視病情的理由，想來自身患重病應該是比較充分的理由。

“奉書”，原釋作“幸□”，應改釋爲“奉書”。上文已經討論過的圖版三一“即使□從者奉書，伏地再拜”可以爲證。“慎”，原未釋。“寒時少進酒食，近衣、炭慎”指天氣很冷的時候可以稍微進一些酒食，但是在穿衣以及烤炭火取暖方面要慎重一些。“病自愈”指病自然會痊愈。方被當是向“孟”推薦了一種“飲食療法”。“以還被”，“還被”兩字原皆未釋。“還”字原牘不從辵，此處通作“還”，方被希望“孟”病情好轉之後回到工作崗位。要之，書信八的正面主要陳述方被派使者對“孟”的病情給予問候，解釋無法親往的理由，並給了一些食療的建議。而背面首先列出所給禮物的清單。與同墓所出作爲禮單的木牘（圖版三三）純粹開列物品不同的是，此書信的背面還有説話人的致敬之詞與落款，而落款除了名字、日期，還有官職名的簡稱。書信八疑爲下屬對上級探病的書信。

以上討論的書信主要是東郡官吏寫給謝孟的信件：書信一，丙充國勸謝孟“厚鴈左右”。書信二，東郡守丞“賁且”向謝孟請罪。書信三，長史“卿”托“横”向謝孟“請病”。書信四，説話人不明，寫給“幼功”，告誡其需慎重。幼功與謝孟有何關係，不大清楚。書信五，“遂”寫給謝孟的信，由於信頭牘不見，“遂”與孟關係不大明瞭。書信六，似是謝漢寫給謝孟的，因材料較少，詳情不能明瞭。書信七是寫給“歲”的信，寫信人不明。書信八是方被寫給謝孟的病，主要是探視病情。從這些信件來説，寫信人與謝孟的關係都比較密切，當是私人信件往來，只是由於寫信人多是當時東郡的官方人士，信中難免會夾雜一些公事。但是向謝孟探病則是這些信件的主綫，從中也可以管窺謝孟的重要身份以及當時官場的一些行爲規範。

附記：第1、4～8條見於何有祖：《安徽天長西漢墓所見西漢木牘管窺》（簡帛網，2006年12月19日），修改後收入《天長漢墓所見書信牘管窺》（《簡帛》第3輯，2008年）。第2、3条見於《讀安徽天長市紀莊漢墓書信牘札記（二則）》（劉玉堂先生主編，張碩、尹弘兵先生副主編：《楚學論叢》第6輯，湖北人民出版社出版，2017年）。

又，後續對天長紀莊漢墓所出書信牘討論的文章，如劉樂賢先生《天長紀莊漢墓“丙充國”書牘補釋》（《簡帛》第3輯，上海古籍出版社，2008年）、楊芬女士《出土秦漢書信匯校集注》第一章第二節“天長西漢書信”（武漢大學博士學位論文，2010年），等等，對文本有更進一步的訂正，請參看。

第六章　湖南大學嶽麓書院藏秦簡考釋

本章對湖南大學嶽麓書院藏秦簡《奏讞書》《爲吏治官及黔首》《嶽麓書院藏秦簡（肆）》《嶽麓書院藏秦簡（伍）》部分簡文加以考釋。

第一節　嶽麓簡《奏讞書》《爲吏治官及黔首》考釋

本節對嶽麓書院藏秦簡《奏讞書》部分簡文進行考釋，對《爲吏治官及黔首》簡序提出新的意見。

一

《文物》2009年第3期所公布的嶽麓書院藏秦簡[①]，爲學界廣泛關注，我們閱讀簡文後有一些想法，兹試作考證如下，敬請方家指教。

嶽麓書院藏秦簡《奏讞書》的所謂的“馮將軍毋擇子”詐騙案，備受學者們的關注[②]，不過第1650號簡仍然有一些問題。關於1650號簡，有如下釋讀意見：

> 盜去，邦亡，未得，得審□，敢讞之。●吏議：耐學隸臣，或令贖耐[③]。
>
> 盜去邦，亡未得，得審□，敢讞之。●吏議：耐學隸臣，或令贖耐[④]。

以上意見中，對開頭六字的理解分歧較大。按，1650號簡前面的文句作：

---

① 陳松長：《嶽麓書院所藏秦簡綜述》，《文物》2009年第3期。

② 陳偉：《嶽麓書院秦簡考校》，《文物》2009年第10期；曹旅寧：《嶽麓書院新藏秦簡叢考》，《華東政法大學學報》2009年第6期；王偉:《嶽麓書院藏秦簡所見秦郡名稱補正》，《考古與文物》2010年第5期。

③ 陳松長：《嶽麓書院所藏秦簡綜述》，《文物》2009年第3期。

④ 陳偉：《嶽麓書院秦簡考校》，《文物》2009年第10期；曹旅寧：《嶽麓書院新藏秦簡叢考》，《華東政法大學學報》2009年第6期。

鞫之，學撟自以爲五大夫將軍馮毋擇子，以名爲僞私書詣增，以欲1044
盜去邦，亡未得，得審□，敢讞之。●史議：耐學隸臣，或今贖耐。1650

從1044號簡到1650號簡的開頭，是“鞫”的部分，這一程序多見於張家山漢簡《奏讞書》，如5～7號簡：

鞫之：毋憂蠻夷大男子，歲出賨錢，以當徭賦，窑遣爲屯，去亡，得，皆審。·疑毋憂罪，它縣論，敢讞之。

“鞫之”後面一般用冒號。“鞫之”所引導的內容一般是對犯罪行爲的確認性陳述。嶽麓簡1044號簡至1650號簡開頭的部分，是對“學”犯罪行爲的陳述，從現有記載看，這一部分並不完整。1650號簡開頭一字“盜”屬對犯罪行爲的陳述，疑屬上讀。張家山漢簡《奏讞書》多見“去亡”，如：

已受致書，行未到，去亡。1、2

故點婢，楚時去亡，降爲漢，不書名數，點得媚，占數復婢媚，賣祿所，自當不當復受婢，即去亡，它如祿。9、10

睡虎地秦簡《法律答問》多見“邦亡”，如：

邦亡來通錢過萬，已復，後來盜而得，何以論之？以通錢。181

人臣甲謀遣人妾乙盜主牛，賣，把錢偕邦亡，出徼，得，論各何也？當城旦黥之，各畀主。5

“去邦”當往下與“亡”連讀作“去邦亡”，可以看作是“去亡”與“邦亡”的合並表述。“未得”二字，參考張家山漢簡《奏讞書》6號簡“窑遣爲屯，去亡，得，皆審”，可自成一小句，陳松長先生意見當可從。“得審”後一字，疑是“者”。“得審者”語意不明。一般來說，有定罪之辭，便有被告之人。既然簡文對“學”定罪，“學”被捕得的可能性很大。這裏的“得審者”，疑指就“學”而言。

1650號簡末尾的“或今贖耐”，第2種意見作“或今贖耐”，當是筆誤。“或”後一字確是“令”字。

茲將該案例現有簡文釋寫如下：

廿二年八月癸卯朔辛亥，胡陽丞唐敢讞之，四月乙丑，丞1647+1649
矰曰：君子子癸詣私2168
書矰所，自謂馮將軍毋擇子，與舍人來田南陽。毋擇☐0473
鞫之：學撟自以爲五大夫將軍馮毋擇子，以名爲僞私書詣矰，以欲1044
盜，去邦亡，未得，得審者，敢讞之。●吏議：耐學隸臣，或令贖耐。1650

綜觀現有簡文，多有內容不連貫之處，而王偉先生將簡文連貫書寫，如[①]：

1647＋2168＋0473＋1044＋1650號簡文：廿二年八月癸卯朔辛亥，胡陽丞唐敢讞之，四月乙丑，丞矰曰：君子子癸詣，私書矰所，自謂馮將軍毋擇子，與舍人來田南陽，毋擇鞫之：學撟自以五大夫將軍毋擇子，以名爲僞私書詣矰，以欲盜去，邦亡，未得，得審□，敢讞之。·吏議：耐學隸臣，或令贖耐。（按，這是《綜述》一文公布的《奏讞書》中冒充“馮將軍毋擇子”的詐騙案的木簡內容）

這恐有不妥。其中0473號簡下殘，與1044不能連讀，這是可以確定的。且“鞫之”前面一般不書寫人名，何况案件主角是“毋擇子”，而非“毋擇”。其間宜用“☐”或“……”隔開。

最後，對“學”的定罪做一些討論。“學”的犯罪行爲有“爲僞私書”“盜”“去邦亡”，與之相應的處罰標準可參考《二年律令》如下簡文：

吏民亡，盈卒歲，耐；不盈卒歲，繫城旦舂；公士、公士妻以上作官府，皆償亡日。其自出也，笞五十。給逋事，皆籍亡日，軵數盈卒歲而得，亦耐之。（《亡律》157）

盜臧值過六百六十錢，黥爲城旦舂。六百六十到二百廿錢，完爲城旦舂。不盈二百廿到百一十錢，耐爲隸臣妾。不盈百一十錢到廿二錢，罰金四兩。不盈廿二錢到一錢，罰金一兩。（《盜律》55-56）[②]

爲僞書者，黥爲城旦舂。（《賊律》13）

① 王偉：《嶽麓書院藏秦簡所見秦郡名稱補正》，《考古與文物》2010年第5期。

② 睡虎地秦簡《法律答問》散見的簡文，量刑標準與之相同，如35、36“士伍甲盜，以得時值臧，臧值百一十，吏弗值，獄鞫乃值臧，臧值過六百六十，黥甲爲城旦，問甲及吏何論？甲當耐爲隸臣，吏爲失刑罪”。

先看“吏議”階段，對於“學”來說有兩種處罰方案，即耐爲隸臣或贖耐。其中“耐爲隸臣”對應的律文，有《亡律》157“吏民亡，盈卒歲，耐”，以及《盜律》55“盜不盈二百廿到百一十錢，耐爲隸臣妾”。爲僞書，依《賊律》會“黥爲城旦舂”，可能由於“爲僞私書”情節輕於“爲僞書”，所以在量刑上采用低一等的“耐爲隸臣”。可見，“學”爲僞私書、盜、去邦亡，都有可能“耐爲隸臣”。“吏議”階段把“耐爲隸臣”定爲方案之一，這裏采用的是數罪並罰取其重的原則，大致與秦及漢初的律文相合。

二、《爲吏治官及黔首》編聯

陳松長先生《嶽麓書院藏秦簡〈爲吏治官及黔首〉》①，公布了1531、1541、0072這三枚簡正面的簡文以及寫在1531背面的篇題，並討論篇題的含義、篇首所在以及相關簡文的解讀。在竹簡的排序上，陳松長先生所給出的順序是1531（背面）、1531（正面）、1541、0072，即：

> 爲吏治官及黔首1531背
>
> 此治官黔首及身之要也，與它官課，有式令能最，欲毋殿、欲毋罪，皆不可得。欲最之道，把此1531正爲人君則惠，爲人臣忠，爲人父則茲（慈），爲人子則孝，爲人下則聖（聽），爲人友則不爭。能行此，終1541日視之，簍毋舍，風庸爲首，精正守事，勸毋失時，攻成爲保，審用律令，興利除害，終身毋咎。0072

此種編聯方式中“把此”於下文在文意上似不好連接，所以陳偉老師對竹簡調整作1531、0072②：

> 此治官黔首及身之要也與。它官課有式，令能最，欲毋殿，欲毋罪，皆不可得。欲最之道，把此1531日視之，簍（僂）勿舍，風庸爲首，精正守事，勸毋失時，攻（功）成爲保，審用律令，興利除害，終身毋咎。0072

在討論編聯之前，我們先對相關詞句作疏通。

① 中國文化遺産研究院：《出土文獻研究》第九輯，中華書局，2010年。

② 陳偉：《〈爲吏治官及黔首〉1531、0072號簡試讀》，簡帛網，2010年1月22日。

簍，陳老師疑讀爲“僂”，當是。睡虎地秦簡《爲吏之道》所記載的“吏有五失”中有“受令不僂”。

此治官、黔首及身之要也與，“與”從陳老師屬上讀。

陳松長先生指出：篇題“爲吏治官及黔首”，包含爲吏、治官、治黔首三部分；1531正“此治官黔首及身之要也與”，其中“官”“黔首”“身”爲“治”的並列賓語。這無疑是正確的。不過陳先生懷疑“爲吏”“治官”在語義上有重復。我們認爲，篇題“爲吏”“治官”“治黔首”三者並列，與1531正“官”“黔首”“身”爲“治”的並列賓語，是密切對應的。既然篇題及1531正同時出現此種並列關係，可知語義上應有側重，析言有別。爲吏，似側重於修養，與“治身”意義相當。治身，修身。《孔子家語·六本》：“回有君子之道四焉：强於行義，弱於受諫，怵於待祿，慎於治身。”而治官則偏重於考核。從這個意義上說，篇題和1531正“此治官黔首及身之要也與”在內容上基本上是相同的，都有總結全篇正文的作用。

現在看已有的二種編聯方式，有一個共同點，即1531“此治官黔首及身之要也……”皆編在靠前的位置。而1531最前面的內容是“此……也”句式，“此”在這裏起到指代作用，顯示前面應該有文句存在，與同簡中的“把此”之“此”所指相同。一般來說，如果1531居首，“此”似可指篇題；如果接近篇末，則指通篇正文。但是正如我們在上面所討論過的，篇題“爲吏治官及黔首”其實與1531“此治官黔首及身之要也與”在內容上基本相同，都是提要性質的語句，二者不好互相指代。

我們懷疑，1531正面二次出現的“此”應另有所指。考察1531，首端殘去部分相當於1541第一道編繩以上的部分，這與0072在尾端殘去第三道編繩以下部分的情形是相似的，都不影響內容上的完整性。已有編聯意見把1531當作整簡，大概也是這種考慮。我們認爲1531正面可以直接接在0072後，即：

爲吏治官及黔首$_{1531背}$

爲人君則惠，爲人臣忠，爲人父則茲（慈），爲人子則孝，爲人下則聖（聽），爲人友則不爭。能行此，終$_{1541}$日視之，簍（僂）勿舍，風（諷）庸（誦）爲首，精正守事，勸毋失時，攻（功）成爲保，審用律令，興利除害，終身毋咎。$_{0072}$此治官、黔首及身之要也與。它官課有式令能最、欲毋殿、欲毋罪，皆不可得。欲最之道，把此。$_{1531正}$

這樣移動之後，1531的第一個“此”指的是它前面的內容。陳松長先生已經指出這段文字與睡虎地《爲吏之道》部分文句相似[①]：

> 戒之戒之，材（財）不可歸；謹之謹之，謀不可遺；慎之慎之，言不可追；綦之綦之，食不可賞（償）。術（怵）悐（惕）之心，不可不長。以此爲人君則鬼（惠），爲人臣則忠；爲人父則茲（慈），爲人子則孝；能審行此，無官不治，無志不徹，爲人上則明，爲人下則聖。君鬼（惠）臣忠，父茲（慈）子孝，政之本殹（也）；志徹官治，上明下聖，治之紀殹（也）。

上引文句在叙述完“宦學”之道後，也有“政之本殹（也）”“治之紀殹（也）”這樣的文句，與“此治官、黔首及身之要也與”屬類似表述。這與我們所調整後的文句在形式上隱然相合。當然上引文字在《爲吏之道》中占有的篇幅有限，這也説明嶽麓簡相似的這部分只能看成一個內容相對完整的短文。

最後提一下，從文意看，“此治官、黔首及身之要也與”，與緊接著的“它官課”“式令”處於對立的位置[②]。“它”所限定的部分除了“課”，應該還有“式令”。“有”在句中當用作連詞，疑讀作或。上古音“有”屬之部匣紐，“或”屬職部匣紐，音近可通。典籍也多見有、或通作之例。《易·比·初六》：“終來有它，吉。”漢帛書本有作或。《禮記·月令》：“毋或不良。”《淮南子·時則》或作有[③]。“它官課或式令”即它官課與它式令，與“此治官、黔首及身之要也與”相區别。能、欲，皆用作情態動詞。最、殿，秦漢簡中常見，官吏考核成績中的首名和最後一名。官吏若經考核失職，則有可能獲罪。“它官課有（或）式令能最、欲毋殿、欲毋罪，皆不可得。欲最之道，把此”的大意是其他官課或式令不容易使官吏績效達到首名，却難逃末名及獲罪；要想得首名，就要把握住此種要略。

附記：原題作《嶽麓書院藏秦簡校讀二則》，刊載於《簡帛研究（二〇一二）》，廣西師範大學出版社，2013年。

---

① 釋文參看《睡虎地秦墓竹簡》，文物出版社，1990年，第160～170頁。

② 式令，從陳松長先生意見，看作一詞，指程序條令。“式令”一詞出現較晚，如《舊唐書·禮儀》：“仍并條附式令，永垂後則。”嶽麓簡所見“式令”當是較早的文例。

③ 高亨纂著，董治安整理：《古字通假會典》，齊魯書社，1989年，第370頁。

第二節　《嶽麓書院藏秦簡（肆）》考釋

陳松長先生主編的《嶽麓書院藏秦簡（肆）》一書，2015年由上海辭書出版社出版。本節擬對《嶽麓書院藏秦簡（肆）》部分簡文進行考釋。

1. 簿其所爲作務以$_{10}$[①]

其中“簿”上部從草，即薄，讀作“簿”，指登記、記錄。里耶秦簡8-904+8-1343“謁令倉司空薄（簿）瑣以三月乙酉不治邸。” 8-1440“具薄（簿）求之之狀”。其中“薄（簿）”用法與之同。

2. 子殺傷、毆詈、牧殺父母，父母告子不孝及奴婢殺傷、毆、牧殺主、主子父母，及告殺，其奴婢及$_{13}$

牧殺，原釋文作“投（殳）殺”。從“牧殺父母，父母告子不孝”來看，牧殺當係殺而未遂。近似文句見於張家山漢簡《二年律令》以下律文：

> 子牧殺父母，毆詈泰父母、父母、叚（假）大母、主母、後母，及父母告子不孝，皆棄市。（《二年律令》35）
>
> 賊殺傷父母，牧殺父母，歐（毆）詈父母，父母告子不孝，其妻子爲收者，皆錮，令毋得以爵償、免除及贖。（《二年律令》38）
>
> 對於“牧”的理解，可參照《睡虎地秦墓竹簡·法律答問》：“可（何）謂牧？欲賊殺主，未殺而得，爲牧。”

3. ·田律曰：有罪，田宇已入縣官，若已行，以賞予人而有物故，覆治，田宇不當入縣官，復畀之其故田宇。$_{114}$

“若”，或。一般用來連接兩種可能，如：

> 以城邑亭障反，降諸侯，及守乘城亭障，諸侯人來攻盜，不堅守而棄去之，若降之，及謀反者，皆要（腰）斬。（《二年律令》簡1-2）

① 陳松長主編：《嶽麓書院藏秦簡（肆）》，上海辭書出版社，2015年。

緊接著“若”後的“已行以賞予人而有物故”當系一種可能。“行以賞”，《二年律令》簡149之“行其購賞”“行其賞”。

4. 尉卒律曰：爲計，鄉嗇夫及典、老月辟其鄉里之入穀、徙除及死亡者，謁于尉，尉月牒部之，到十月乃比其牒，里相就也以會計。黔首之闌亡者卒歲而不歸，結其計，籍書其初亡之年月于結，善藏以戒其得。140-141

按：從嶽麓簡的内容來看，鄉嗇夫、典、老要關注鄉里内黔首的“入穀”、徙除、死亡，其中“入穀”，整理者讀作納穀，指傳世文獻中的内粟。當有問題。“穀”既然與黔首本身狀況的變動有關，可讀如本字。《說文》：“穀，乳也”。段注：“此乳者，謂既生而乳哺之也。”“入穀”之“入”爲它處黔首遷來，而“穀”爲黔首處於幼兒待哺乳的狀態，二者都意味著鄉里内人口的增加[①]。

5. 凡免老及敖童未傅者，縣勿敢使，節載粟乃發敖童年十五歲以上，史子未傅先學學室，令與粟事，敖童當行粟而寡子獨與老父老母居，老如免老，若獨與癃病母居者，皆勿行。157、158

節，讀作“即”。“史子未傅先學學室”前逗號改成頓號，作“節（即）載粟乃發敖童年十五歲以上、史子未傅先學學室”。如此，發的對象包含“敖童年十五歲以上”以及“史子未傅先學學室”。《二年律令》412、413：

> 免老、小未傅者、女子及諸有除者，縣道勿敢繇（徭）使。節（即）載粟，乃發公大夫以下子、未傅年十五以上者。

在整個文句結構上與嶽麓簡157、158一致。比較可知，《二年律令》412、413“公大夫以下子、未傅年十五以上者”，可與嶽麓簡157、158“敖童年十五歲以上、史子未傅先學學室”對應，似有助於對“敖童”的理解。《秦律雜抄》32、33號簡云：“匿敖童，及占癃不審，典、老贖耐，百姓不當老，至老時不用請，敢爲詐僞者，貲二甲；典、老弗告，貲各一甲；伍人，户一盾，皆遷之。·傅律。”整理者注：“敖童，見《新書·春秋》：‘敖童不謳歌。’古時男子十五歲以上未冠者，稱爲成童。據《編年記》，秦當時十七歲傅籍，年齡還屬於成童的範圍，參看《法律答問》‘何

① 編按：陳偉老師《岳麓秦簡肆校商（壹）》（簡帛網，2016年3月27日）一文進一步指出“‘穀’于此恐有生育義，與“死”對應”，説可從。

謂匿户’條。”“敖童”除了在年齡上的界定外，似還應有類似“公大夫以下子”這樣的第七等爵以下子的身份的界定。

“童當行粟而寡子獨與老父老母居”與“老如免老”當連讀，類似文句見於《二年律令》408“諸當行粟，獨與若父母居老如睆老，若其父母罷癃者，皆勿行。”此處可斷句作“敖童當行粟而寡子獨與老父老母居老如免老，若獨與癃病母居者，皆勿行。”居老，《二年律令》408號簡整理者注：“居老，當指免老。如，或，見楊樹達《詞詮》卷五。”按“居老”之“居”，當與秦簡常見的“居貲贖債”之“居”同義，指處於某種狀態。現有的不同程度的退休人員包括受杖、免老、睆老（《二年律令》355～357）等，“居老”之“老”可能是其中某一種。如，如同，比擬。《二年律令》408整理注訓“如”作“或”，故將“居老”解釋成“免老”，現在看來是都有問題的。

6.《倉律》曰：毋以隸妾爲吏僕、養、官【守】府，隸臣少，不足以給僕、養，以居貲贖債給之。及且令以隸妾爲吏僕、養、165官守府，有隸臣，輒代之，倉厨守府如故。166

官守府，整理者注：“守府，看守官府的僕役。《里耶秦簡》：‘令曰：“吏僕、養、走、工、組織、守府門、削匠及它急事不可令田。’”[①]整理者所引里耶簡的例子當是。不過睡虎地秦簡有更接近的文句，即《秦律十八種·司空》簡150：“司寇勿以爲僕、養、守官府及除有爲殹（也）。有上令除之，必復請之。”可知官守府，即守官府。此條律文似儘量不讓隸妾擔任諸事如僕、養、官守府。

7. 城塞陛郭多决壞不脩，徒隸少不足治188

郭，原釋文作鄣，謂同“障”。郭，城郭。郭、陛同見的例子見於睡虎地秦簡《爲吏之道》簡8～10：“城郭官府，門户關龠（鑰），除陛甬道。”

8. 勿許213

勿許，原釋文作“毋許”。

① 按：注釋引脱一“削”字，今補。

附記：本節内容見於何有祖：《讀岳麓秦簡肆札記（一）》，簡帛網，2016年3月24日；《讀岳麓秦簡肆札記（二）》，簡帛網，2016年3月25日；《利用嶽麓秦簡校釋〈二年律令〉一則》，簡帛網，2016年3月26日。

第七章　北京大學藏秦漢簡牘考釋

本章對北京大學藏秦簡《泰原有死者》《教女》等篇、傭作文書木牘W-014，以及北京大學藏漢簡《妄稽》部分簡文加以考釋。

第一節　北京大學藏秦簡牘《泰原有死者》《教女》等篇考釋

《文物》2012年第6期刊載了北京大學出土文獻研究所《北京大學藏秦簡牘概述》以及李零先生《北大秦牘〈泰原有死者〉簡介》二文，《北京大學學報（哲學社會科學版）》2015年第2期刊載了朱鳳瀚先生《北大藏秦簡〈教女〉初識》、韓巍先生《北大藏秦簡〈魯久次問數于陳起〉初讀》、田天先生《北大藏秦簡〈祠祝之道〉初探》，公布了北京大學2010年收藏的部分秦簡牘的精美圖版以及釋文，並有頗爲細緻的考釋、疏解，頗便學人。本節擬對部分簡文加以考釋。

一

《文物》2012年第6期刊載的《北京大學藏秦簡牘概述》一文，公布了一枚北京大學2010年收藏的秦牘，該牘長23釐米，寬4.7釐米，墨書8行，圖版清晰。李零先生《北大秦牘〈泰原有死者〉簡介》對該牘做了很好的考釋。茲將李零先生所作釋文抄錄於此：

> 泰原有死者，三歲而復産，獻之咸陽，言曰：死人之所惡，解$_1$予死人衣。必令産見之，弗産見，鬼輒奪而入之少內。死$_2$人所貴黄圈。黄圈以當

金，黍粟以當錢，白菅以當繇[①]。

女子死三$_{3}$歲而復嫁，後有死者，勿並其冢。祭死人之冢，勿哭。須其已食$_{4}$乃哭之，不須其已食而哭之，鬼則奪而入之廚。祠，毋以酒與$_{5}$羹沃祭，而沃祭前，收死人，勿束縛。毋決其履，毋毀其器。$_{6}$令如其產之臥殹（也），令其魖（魄）不得茖（落）思。黃圈者，大叔（菽）$_{7}$殹（也），䅐（務）去其皮，置於土中，以爲黃金之勉。$_{8}$

“毋毀其器”，原釋文在其後加句號，雍淑鳳女士改成逗號，其釋文作“，毋毀其器，令如其產之臥殹（也），令其魖（魄）不得茖（落）思”[②]。今從文意看，“令如其產之臥殹（也）”是對“收死人，勿束縛。毋決其履，毋毀其器”的總結，雍淑鳳女士屬上讀可从。但“令如其產之臥殹（也）”與“令其魖（魄）不得茖（落）思”並不存在直接的關聯。“思”下有句讀符號，似提醒在此處斷句。簡文疑可斷句作“祠，毋以酒與羹沃祭，而沃祭前，收死人，勿束縛，毋決其履，毋毀其器，令如其產之臥殹（也）。令其魖（魄）不得茖（落）思。黃圈者，大叔（菽）殹（也），䅐（務）去其皮，置於土中，以爲黃金之勉。”但這樣斷句後仍有問題，得、思，作爲動詞，其後的賓語不明，小句理解起來仍有不順暢之處。解決這個問題之前，先談談我們對“茖（落）”“魖”等字的理解。

“令其魖不得”下一字，牘文作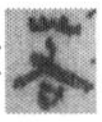，李零先生作“茖（落）”，指出：“茖”同落，原指草木零落，引申爲隕墮、死傷等義。“失魂落魄”，落字的含義是失落。“思”是句尾的語氣詞。陳侃理先生則認爲：“茖，當即笿字。《廣雅·釋詁三》：‘笿，束也。’字又同‘絡’，有纏繞、束縛之意。此句的意思是，讓附着於死者形體的神靈不要被捆住[③]。

今按：里耶秦簡“若”字作8-1430、8-1442，簡文與上揭“若”字形同，當釋作“若”，訓作或。張家山漢簡《二年律令》2號簡：“其坐謀反者，能偏（徧）

① 編按：“繇”，陳劍先生指出：“‘當爲‘縣（緜）’字之誤。‘緜’與‘（黃）金’‘錢’並列，死人以‘白茅’所充之‘緜’爲財富。漢代西北簡牘中，用布帛、緜絮等充戍卒之每月俸禄的記載多見。鄒城邾國故城遺址新發現的新莽時期‘貨版’正面陰刻‘黃金’‘銅泉’‘絮’‘布’‘帛’。凡此均可見‘緜’‘絮’與‘貨幣、財富’的關係。”參看陳劍：《據出土文獻説“懸諸日月而不刊”及相關問題》，《嶺南學報》復刊第10輯《出土文獻：語言、古史與思想》，上海古籍出版社，2018年。

② 雍淑鳳：《北大藏秦牘〈泰原有死者〉斷句、語譯、闡釋商榷》，《古籍研究》2017年第1期。此條文獻承蒙徐暢女士面告，謹致謝忱！

③ 陳侃理：《秦簡牘復生故事與移風易俗》，《簡帛》第8輯，上海古籍出版社，2013年。

捕，若先告吏，皆除坐者罪。”整理小組注：“若，或。”[①]“若”在這里連接動詞“得”“思”。

我們注意到該牘所見的多個“其”，用法略有差別，“毋決其履，毋毀其器，令如其産之臥殹（也）”。“其”三見，皆指“死人的”。但靠前一些的牘文“祭死人之家，勿哭。須其已食乃哭之，不須其已食而哭之，鬼則奪而入之廚”。“其”二見，用作代詞，代指死人。“令其韉（魄）不得若思”之“其”，也有可能用作代詞，指“死人”。如然，“韉”除了用作名詞，似也存在其他可能。

“令其”下一字，李零先生釋作韉，指出左半從鬼，右半似從中從尃，疑爲薄字之省，讀爲魄。今按：字疑可讀作“簿”，指記錄。這里用作動詞。里耶秦簡8-904+8-1343“謁令倉司空薄（簿）瑣以三月乙酉不治邸”。8-1440“☑及藥，具薄（簿）求之之狀”，《里耶秦簡牘校釋（第一卷）》注：“簿，記錄。”[②]岳麓肆10號簡“薄（簿）其所爲作務以”[③]。皆是其例。

上文提及，得、思，作爲動詞，其後的賓語不明。我們懷疑“得”“思”的賓語應是“黃圈”，連“黃圈”下的“者”，可指不得或者思黃圈者，這是令死人（去地下世界後）記錄（“簿”）的內容。不過，“思”下有標識符號，似提醒在此處斷句。但如果去翻看新出《里耶秦簡（貳）》1～12號簡[④]，就會發現即使是同一小句後，此種標識符號是否出現、出現的位置，恐怕都不是固定的。當然，秦公文書的書寫，與志怪故事類文本的書寫，是否可以做此種比勘，也需要更多材料予以證明。我们这里主要从文意出发做出推测。

“令其韉（簿）不得若思黃圈者”，指令死人到地下世界後，記錄無法得到或者想得到黃圈的其他死人（復生後方便生者祭送）。文本的創作者在簡文中似將復生當作一種常態，並形成某種經驗性認識且加以利用。

不過“黃圈者”除了與上文“若”連讀外，還與下文“大叔（菽）殹（也）”關聯，構成“者……也”判斷句式。頗疑“黃圈者”下漏寫重文符號。此處可斷句作“令其韉（簿）不得若思黃圈者。黃圈者，大叔（菽）殹（也）”。

---

① 張家山二四七號墓竹簡整理小組：《張家山漢墓竹簡［二四七號墓］》，文物出版社，2001年，第133頁。

② 陳偉主編，何有祖、魯家亮、凡國棟撰著：《里耶秦簡牘校釋（第一卷）》，武漢大學出版社，2012年。

③ 陳松長主編：《岳麓書院藏秦簡（肆）》，上海辭書出版社，2015年；何有祖:《讀岳麓秦簡肆札記（一）》，簡帛網，2016年3月24日。

④ 湖南省文物考古研究所編著：《里耶秦簡（貳）》釋文部分，文物出版社，2017年，第3～5頁。

二

羊矢並下，或短或長。水最平矣，尚有濆皇（湟）。（《教女》032、027）

“皇”上一字，整理者釋作“潰”，今按：簡文作，字從水從賁，即濆字。周家寨簡184號簡，整理者釋爲“横”[①]，劉大雄先生指出是僨，并引馬王堆1號墓遣冊簡159“”、簡160“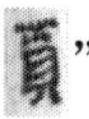”等處“賁”字为证[②]。劉大雄先生所釋之“僨”的右部以及所舉諸“賁”字可作爲本條釋作“濆”之證。《集韵·吻韵》：“濆，涌也。”《公羊傳》昭公五年：“戊辰，叔弓帥師，敗莒師於濆泉。濆泉者何？直泉也。直泉者何？涌泉也。”《楚辭·九嘆·逢紛》：“譬彼流水，紛揚磕兮，波逢洶涌，濆滂沛兮。”

皇，大也。《漢書·揚雄傳》：“淑周楚之豐烈兮，超既離虖皇波”，晉灼曰：“皇，大也。”顏師古注：“言其先祖所居經河及江也。河江，四瀆之水，故云大波也。”可見濆、皇可以用來形容水的某種狀態。簡文似指水雖平，但也有濆涌波浪大的時候。皇，更有可能讀作“湟”，訓作下處[③]。《大戴禮記·夏小正》：“湟潦生苹”傳：“湟，下處也。”“濆”與“湟”相對，濆是往上涌，湟是往下。這與上一句“羊矢並下，或短或長”所見羊矢短、長相對的情形有相類之處。

簡文似指，水最平，也有奔涌和低窪的地方。

三

老人唯（雖）弩，戒勿敢謗　（《教女》27）

弩，整理者釋作“怒”，今按：簡文作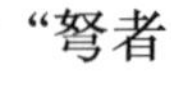，字當分析爲從奴從弓，即“弩”字。《方言》卷一：“自關而西秦晉之間凡人語而過，謂之遡，或曰僉。東齊謂之劍，或謂之弩。弩，猶怒也。”錢繹箋疏：“弩者，《釋名》：‘弩，怒也’。有怒勢也。”簡文似指老人雖言語有失，勿敢指責。《禮記·內則》：“父母有過，下氣

① 湖北省文物考古研究所、隨州市曾都區考古隊：《湖北隨州市周家寨墓地M8發掘簡報》，《考古》2017年第8期，第19頁。

② 劉大雄：《說周家寨日書〈入官〉篇的“僨”字》，簡帛網2017年10月30日。

③ 此解蒙黄浩波先生指出，謹致謝忱！

怡色，柔聲以諫。諫若不入，起敬起孝，說則復諫；不說，與其得罪於鄉、黨、州、閭，寧孰諫。父母怒，不說而撻之流血，不敢疾怨，起敬起孝。”提及父母有過，子女下氣怡色，柔聲而勸說。《禮記·祭義》：“父母愛之，喜而弗忘；父母惡之，懼而無怨。父母有過，諫而不逆；父母既沒，必求仁者之粟以祀之。此之謂禮終。”提及父母有過，子女勸說不違逆。簡文所記，大致與之相類。

四

具爲甲兵筋革，折筋、靡（磨）矢、姑（栝）$_{17/04-135}$翜，非數無以成之……$_{18/04-134}$（《魯久次問數于陳起》）

韓巍先生指出，“姑”讀爲“栝”，指箭杆末端與弓弦接觸的位置。《釋名·釋兵》：“矢……其末曰栝。栝，會也，與弦會也。”《國語·魯語下》：“故銘其栝曰：‘肅慎氏之貢矢’。”韋昭注：“栝，箭、羽之間也。”“翜”疑爲箭羽之專用字，“栝翜”就是往箭杆末端安裝箭羽。張家山漢簡《筭數書》“羽矢”算題：“一人一日爲矢卅，羽矢廿。今欲令一人爲矢且羽之，一日爲幾何？”可見製作羽箭分“爲矢”和“羽”兩個步驟。本句是說製造兵器①。

“abc”：“栝”指箭杆末端與弓弦接觸的位置，當是。“栝”也作“筈”，指箭尾部分。羽+矢，疑爲“羽、矢”的合文，或可視爲兩個字。“栝、（羽+矢）”應分別爲製作弓箭的兩道工序。“羽矢”是專指在箭末端安裝羽毛的行爲，這與《九章》中的“矯矢”“筈矢”是屬於相類的勞作，並且漢初“羽兩喉”的價格大概是五錢。《陳起》簡中的“靡（磨）矢”或與之相關，“筈”當指“筈矢”，即在箭矢尾端製作弦口②。廖秋菊先生指出：“姑”從“古”聲，古音屬魚部，“栝”屬月部，“姑”與“栝”兩字讀音並不相近③。

今按：廖秋菊先生懷疑的是。所謂的“姑”簡文作，右部口上横筆傾斜，當分析作從乇從口，其來源可追溯到楚簡從舌之字，如《苦成家父》7號簡、郭店《緇衣》3號簡、包山簡185號簡、129號簡。字從矢從舌，疑讀作筈或栝。

---

① 韓巍：《北大藏秦簡〈魯久次問數于陳起〉初讀》，《北京大學學報（哲學社會科學版）》2015年第2期，第33頁。

② 見“abc”2015年11月10日於簡帛網簡帛論壇《讀〈魯久次問數于陳起〉筆記》14樓發言。

③ 廖秋菊：《北京大學藏秦簡牘已刊六篇集釋》，武漢大學碩士學位論文，2018年。

五

高閹臺謝（榭）04-146（《魯久次問數于陳起》）

“高”下一字原釋文作“閣”，簡文作，“門”內所從並非“各”，而是“奄”，字當釋作“閹”。《說文》：“閹，豎也。宮中奄閽閉門者。從門，奄聲。”“閹”在句中似指某類建築物。“高閹臺謝（榭）”，文獻中類似表述見於《淮南子·氾論訓》：“秦之時，高爲臺榭，大爲苑囿”。《管子·輕重甲》：“孟春既至，農事且起，大夫無得繕冢墓，理宮室，立臺榭，築墻垣”。《管子·五行》：“土行禦，天子修宮室，築臺榭，君危，外築城郭，臣死。”“高閹臺謝（榭）”之“閹”與“高爲臺榭”之“爲”、“立臺榭”之“立”、“築臺榭”之“築”用法似相近，爲修築、蓋房子等一類意思，也可能是修築、蓋房子這一類工程中的某一環節。待考。

六

脊、背、肩、應（膺）04-147（《魯久次問數于陳起》）

“脊”下一字，簡文作，原整理者釋作“背”，今按：字上部從劦，即“脅”字。《說文》：“脅，兩膀也，從肉，劦聲。”《玉篇·肉部》：“脅，身左右腋下也。”《儀禮·少牢饋食禮》“脊脅肺肩在上。”前引例子之“脊脅”，是祭牲的構件，與《魯久次問數于陳起》所提及人體疾病部位性質有別，不過作爲生物進化高端的人類之身體部位，似也有可參之處。

“脅”見於馬王堆漢墓帛書《足臂十一脈灸經》簡5-9[①]：

●足少陽温（脈）：出於踝前，枝於骨閒（間），上貫𨚵（膝）外兼（廉），出於股外兼（廉），出脅；枝之肩薄（髆）；其直者貫腋，出於項、耳，出𦜝（枕），出目外漬（眥）。其病：病足小指、次指廢；胻外兼

① 裘錫圭主編，湖南省博物館、復旦大學出土文獻與古文字研究中心編纂：《長沙馬王堆漢墓簡帛集成（伍）》，中華書局，2014年，第189頁。

（廉）痛，胻寒，厀（膝）外兼（廉）痛，股外兼（廉）痛，脾（髀）外兼（廉）痛，脅痛，□痛，產馬（瘍），缺盆痛，瘻（瘻），聾，䐶（枕）痛，耳前痛，目外漬（眥）痛，脅外穜（腫）。·諸病此物者，皆久（灸）少陽温（脈）。

“其病”之前所叙爲足少陽脉，涉及部位按由下向上的順序可排列作：踝、膝、股、脅、肩薄（髆）、腋、項、耳、枕[①]、目外漬（眥），“其病”之後是在叙述足少陽脉發病部位，按由下向上的順序可排列作：足、胻、膝、股、髀、脅、□、缺盆、枕、耳、目外漬（眥）。而《魯久次問數于陳起》所提及的人體部位作：

足、**胻**、**踝**、**膝**、**股**、**髀**、尻、膂、**脊**、**脅**、**肩**、膺、手、臂、肘、臑、**耳**、**目**、鼻、口、頸、**項**

上引文句加粗的部分是相同的部位，可知二者有諸多部位相同，其中就有“脅”。《足臂十一脉灸經》“足少陽温（脉）”中“脅”位於“股”、“肩薄（髆）”之間，而《魯久次問數于陳起》“脅”位於“股、髀、尻、膂、脊”與“肩”之間，二者順序大致相當，也可以證此處釋“脅”爲是。

七

藍莖葉英$_{19/04\text{-}133}$（《魯久次問數于陳起》）

“藍”與莖葉英並列，所指某種植物。《説文》：“藍，染青草也。從草，監聲。”但字形還需要略加分析。該字作：

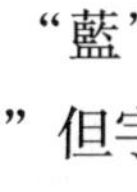

字從艸從鹽。所從鹽與里耶秦簡8-650“鹽”字作形同。因“鹽”以監爲聲，《説文》：“鹽，鹹也。從鹵，監聲。”故而艸從鹽之字，可讀作藍。

① 《素問·骨空論》：“頭橫骨爲枕。”

八

會祠祝之道勿亡　（《祠祝之道》）

此牘，田天先生釋文作“皆祠祝之道勿亡”，指出[1]：

> 本文介紹的《祠祝之道》從形制上看，可分爲兩部分：竹牘一枚，竹簡六支。竹牘竹青面寫有“皆祠祝之道勿亡”數字，因此命名爲《祠祝之道》。……竹黄面文字殘損嚴重，從殘存的情况看，牘上原寫有兩行文字，兩行皆殘去一半以上字迹。第二行文字結尾處爲“布席桑下，東卿（嚮）”，應是講述祠祭的具體儀式。竹牘文字結尾處下有留白，可見竹牘文字自成一段，不與竹簡連讀。因竹牘黄面文字殘損較多，還需後續研究。

王寧先生指出[2]：

> 從此二句看，當是祠祀祝禱與桑蠶有關的事宜，它很可能是在本篇的最後，即寫完竹簡後，又用了一根竹牘繼續寫，它前面可能是06-004和L-001兩簡與蠶事相關的內容。此二簡是説在蠶事之前舉行的祭祀，而本竹牘則是説在蠶事中間舉行的祭祀，有先後之分。竹青面的“旨（詣）祠祝之，道勿亡（忘）”即在寫完全篇之後特别寫下的提示語，所以此竹牘很可能不是排在最前面的，而是排在最後。

今按：“祠祝”上一字作，其寫法與“旨”不類，最下類“曰”之上的構件似爲“田”之殘留，此處殘存的筆劃與里耶秦簡的“會”字作（8-1252）、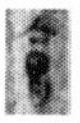（8-999）中下部相同。字疑是“會”字殘筆。會，聚集。《説文》：“會，合也。”里耶秦簡8-1347“此中會令□”之“會”即用作動詞，指聚集。勿亡，與里耶8-98+8-

① 田天：《北大藏秦簡〈祠祝之道〉初探》，《北京大學學報（哲學社會科學版）》2015年第2期，第38頁。

② 王寧：《北大秦簡〈祠祝之道〉補箋》，復旦大學出土文獻與古文字研究中心網，2017年9月3日。

1168+8-546“廷吏曹當上尉府計者行齎勿亡”之“勿亡”含義相同[①]。會、亡並言的例子見於《法律答問》164號簡：“可（何）謂‘逋事’及‘乏繇（徭）’？律所謂者，當繇（徭），吏、典已令之，即亡弗會，爲‘逋事’；已閲及敦（屯）車食若行到繇（徭）所乃亡，皆爲‘乏繇（徭）’。”其中“即亡弗會”指（當徭之人）逃亡沒有會令。亡、會的語法、意義皆有較大差別，但仍可作爲旁證。

“會祠祝之道勿亡”，指聚集的祠祝之道，不要丟失。田天先生所說“竹牘文字自成一段，不與竹簡連讀”似更妥當。其性質與里耶8-98+8-1168+8-546“廷吏曹當上尉府計者行齎勿亡”接近。

九

啻女將下作，三$_{4/06\text{-}004}$旬而去，若肥（徘）回（徊）房（仿）皇（徨）於野，湯（倘）勿與相妨，吾多成，齊（齎）子類糧，即取黍粟，腏（餟）室中穴$_{5/L\text{-}001}$。（《祠祝之道》）

原釋文在“去”下加句號。並解釋作[②]：

> 其祝禱辭直接對鼠而言，呼其爲“若”，言“帝女”將下臨作業，三旬方去。囑鼠於這段時間中勿居於室中，且游蕩於野外。並許諾若鼠不相妨害，則有所成後，必予其糧食。

今按：若，或。秦漢簡所見“若”多用來連接兩種並列的情形，如張家山漢簡《二年律令》2號簡：“其坐謀反者，能偏（徧）捕，若先告吏，皆除坐者罪。”整理小組注：“若，或。”這里當斷句作“啻女將下作，三旬而去，若肥（徘）回（徊）房（仿）皇（徨）於野，湯（倘）勿與相妨，吾多成，齊（賫）子類糧”。“三旬而去”，“肥（徘）回（徊）房（仿）皇（徨）於野”，當皆就“啻女”而言。若，在句中連接二者。

田天先生曾指出簡文可以與北大秦簡的《醫方雜抄》相關內容相印證[③]，甚是。其

① 綴合參看何有祖：《里耶秦簡牘綴合（六則）》，簡帛網，2012年12月23日；何有祖：《里耶秦簡牘綴合（四則）》，簡帛網，2013年10月4日。“廷”字的意見承游逸飛先生面告。

② 田天：《北大藏秦簡〈祠祝之道〉初探》，《北京大學學報（哲學社會科學版）》2017年第5期，第40頁。

③ 田天：《北大藏秦簡〈醫方雜抄〉初識》，《北京大學學報（哲學社會科學版）》2017年第5期，第56頁。

釋文作：

即入室內中，禹步三，祝曰：4-258“空= =以= =（空矣，空矣，空矣），啻女且下里（理），三旬而已！里（理）且僞（蟻），負子褢結，若東鄰移，大者4-257毋越（跳），小者毋恿（踴）！啻女已僞（蟻），遺女（汝）三車蛍（蛹）！”

田天先生指出[①]：

將本章的祝禱對象也理解爲鼠，似乎也大致可通，文義爲：請鼠在入蠶時先移於東鄰，無論大小，都不要出來跳踴活動，並許諾蠶結繭之後，將贈予三車蠶蛹作爲報答。

我們贊同將祝禱對象理解爲鼠，但在文義理解尚略有差别。先將斷句略作改動如下：

里（理）且僞（蟻），負子褢結，若東鄰移。大者毋越（跳），小者毋恿（踴）！啻女已僞（蟻），遺女（汝）三車蛍（蛹）！

“里（理）且僞（蟻），負子褢結，若東鄰移”，其中“褢結”似與蠶吐絲成蛹有關，“東鄰移”似與蛹化蝶之後飛出室外在野外活動有關。“負子褢結”“東鄰移”是並列關係，可用秦漢簡中常常訓作“或”的“若”來連接。既然“負子褢結”“東鄰移”都與蠶有關聯，那麽此處並沒有和鼠産生直接關聯。我們在“若東鄰移”後改成句號，以與下面要開始的與對鼠的祝禱相區别。“大者毋越（跳），小者毋恿（踴）！啻女已僞（蟻），遺女（汝）三車蛍（蛹）！”皆就鼠而言。

再來看《祠祝之道》“啻女將下作，三旬而去，若肥（徘）回（徊）房（彷）皇（徨）於野”，應可與《醫方雜抄》“啻女且下里（理），三旬而已！里（理）且僞（蟻），負子褢結，若東鄰移”對應。其中“肥（徘）回（徊）房（彷）皇（徨）於野”可與“東鄰移”大致對應，共同之處在於二者都處於運動狀態中。“負子褢結”無法移動，似仍應在室內。

至於《祠祝之道》“湯（倘）勿與相妨，吾多成，齊（齎）子類糧”，則與《醫

① 田天：《北大藏秦簡〈醫方雜抄〉初識》，《北京大學學報（哲學社會科學版）》2017年第5期，第56頁。

方雜抄》“大者毋趒（跳），小者毋恿（踴）！啻女已僞（蟻），遺女（汝）三車蛩（蛹）！”大致對應。其中“湯（倘）勿與相妨”，可與“大者毋趒（跳），小者毋恿（踴）”對應，當然後者表述更具體，從後者可以看出祝禱者擔心鼠的跳躍驚擾到正在“蟻”的蠶（更別提把蠶當作食物）。“吾多成”，對應“啻女已僞（蟻）”。“齊（齎）子類糧”，則對應“遺女（汝）三車蛩（蛹）”，這也幫助我們理解“蛩（蛹）”，可算作《祠祝之道》的“類糧”之一，不過《祠祝之道》提及“即取黍粟，腏（餟）室中”，已提供鼠食。

總的來看，北大秦簡《祠祝之道》《醫方雜抄》都是祝禱鼠的文本，内容很接近，反映當時某個共同的祝禱習俗或傳統；但二者在詳略上有差別，且對“鼠”祝禱時所許諾的食糧有差別，仍應看作不同的版本。

附記：第5、6條内容見於何有祖：《北大秦簡〈魯久次問數于陳起〉補釋二則》（簡帛網，2015年11月2日），第5條黄杰先生有類似的意見同日發表在簡帛論壇，論證細節與本文有較大不同。其餘諸條見於《北京大學藏秦簡牘校讀記》，曾在清華大學出土文獻研究與保護中心主辦的“第一届‘出土文獻與古代文明：新視野下的早期中國史’青年學者研討會”（2018年8月24～27日）上宣讀，得到徐暢先生的指教，謹致謝忱！文章有進一步修改。

第二節　北京大學藏秦代傭作文書木牘考釋

陳侃理先生《北京大學藏秦代傭作文書初釋》[①]，介紹了木牘W-014的釋文與圖版。本節擬對牘文文本略作補充。

木牘W-014釋文作：

以正月辛丑，六日，初作，盡四月壬戌，十七日。
定作八十三日，日三錢，日三錢大半錢。
爲錢三百一。
……以四月庚午作，以五月戊寅去不作。【上欄】
·正月得六日，爲錢廿二。
·二月得一月，錢百一十。
·三月得一月，錢百一十。

① 陳侃理：《北京大學藏秦代傭作文書初釋》，《出土文獻研究》第十四輯，中西書局，2015年。

·四月得十七日，錢六十二。

·凡錢三百四，巳（已）入二百五十三。

陳先生文章指出：第一行“辛丑”的“丑”字旁注有“六日”二字，性質與下文“壬戌”下的十七日相同，都是計算該月勞作的天數。我們贊同這一意見。不過現有斷句“以正月辛丑，六日，初作，盡四月壬戌，十七日”。似可略作調整。

盡，終止。類似牘文中“盡”用法的例子在里耶秦簡中有一些，如：

卌三年Ⅰ十一月盡Ⅱ正月，吏户Ⅲ已事。Ⅳ8-214

卌年四月盡九月，Ⅰ倉曹當計禾Ⅱ稼出入券。Ⅲ

已計及縣Ⅳ相付受Ⅴ廷。　第甲。Ⅵ8-776

☑□出貣（貸）居貲士五（伍）巫南就路五月乙亥以盡辛巳七日食。Ⅰ

☑缺手。Ⅱ8-1014

圖五

上揭諸例中的“盡”前後各有一個時間點，組合後表示一個時間範圍。8-214所涉時間是卌三年十一月到正月。8-776所涉時間爲卌年四月到九月。由於8-214、8-776都只有時間範圍，並無總計的月份數，所以這兩個時間點是否包含在內，從這兩隻簡本身無法看出。8-1014五月乙亥到辛巳一共七天，顯然包含了兩個時間點。可知時間點+盡+時間點，表示的是從前一個時間點到下一個時間點，還包含了作爲起迄點的當日（月、年等），這樣一個時間範圍。

本牘“盡”所在位置如圖五。可以注意到，“盡”緊接在“初作”之後，但是和“四月”之間有較大的間隔。參考第二列“三錢大半錢”中“三錢”與“大半錢”之間的間隔，可知此種間隔有時候並不一定要分欄，從文意上看這兩處都應當連讀。如剔除掉六日、十七日，可得出較爲通順的文句，即“以正月辛丑初作，盡四月壬戌，定作八十三日，日三錢，日三錢大半錢，爲錢三百一”。關於這句話的內在邏輯，陳先生有較爲細緻準確的梳理，當可從。至於“六日”“十七日”，從文意上看，應是後來添加，陳先生已經指出是對正月、四月勞作日數的標注。甚是。“六日”夾在第一、二列之間，小字書寫，而“十七日”從書寫情況來看，如果不從文意的角度分析，那麽是不容易看出是後來添加的。把後來添加的這兩處放入整個文句中，却是頗爲犯難。權宜之計是用“【 】”括出來，即“以正月辛丑初作【六日】，盡四月壬戌【十七日】，定作八十三日，日三錢，日三錢大半錢，爲錢三百一”。

附記：本節內容見於何有祖：《北京大學藏秦代傭作文書木牘W-014補說》，簡帛網，2016年3月27日。

第三節　北京大學藏漢簡《妄稽》考釋

北京大學出土文獻研究所編著的《北京大學藏西漢竹書（肆）》一書，2015年10月由上海古籍出版社出版。本節對《妄稽》部分簡文加以考釋。

1. 顔色容䫉（簡2）

䫉狀甚惡（簡14-15）

“顔色容䫉”之“䫉”，原釋文徑作“貌”。按：簡文右部從艮，即“䫉”。《龍龕手鑒·豸部》：“䫉，貇的俗字。音皃，儀容也。”《說文·皃部》：“皃，頌儀也。貇，皃或從頁，豹省聲。”《玉篇·頁部》：“貇，容也。”䫉，從艮，疑也從豹省聲，讀作貌。

簡14-15“䫉狀甚惡”之“䫉”，原釋文徑作“貌”。“䫉”當也分析爲從豹省聲，讀作貌。《後漢書·李固列傳》：“李固字子堅，漢中南鄭人，司徒郃之子也。郃在《方術傳》。固貌狀有奇表。”

2. 口舌甚詛（簡15）

詛，原釋文讀作“粗”，疑當如字讀。《管子·四稱》：“有家不治，辟若生狂。衆所怨詛，希不滅亡。”妄稽指出納美妾會導致散財、家室叛，舅姑則以爲妄稽口舌充滿詛咒。

3. 我今與女（汝）豦訾孰之瘱者（簡29）

豦，原釋文作處，該字作，字與簡32“據”作，右部同。當是“豦”字，疑讀作“噱”。《說文》：“噱，大笑也。”笑、訾有并提的例子，如《禮記·曲禮》：“聽於無聲，視於無形，不登高，不臨深，不苟訾，不苟笑。”陸德明釋文：“訾，毀也。”

4. 蛇臭（簡28）

“蛇”下一字，原釋文作變。按：字上从自，下从犬，應即臭字。蛇臭，當如蛇腐般臭味道。《新序・雜事》：“發夢視蛇臭腐矣。”上文提及腥腐，此處提及臭，都屬對妄稽的負面描寫，腐敗、腥臭大致是主格調，似在描述一堆放了很久的腐爛的肉，氣味難聞。作者似習慣從視覺、味覺、嗅覺等多感官的角度來描寫人物。

5. 騫（褰）衣（簡34）

騫，原釋文指出下部從馬，隶定作“騫”，读作“褰”。

按：该字作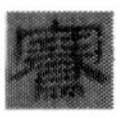，下部所從與簡33“驚”作，左部所從馬不同，而與簡11“鳴”作，所從“鳥”同。字下部當從鳥，字隸定作騫。可從原釋文讀作“褰”。

6. 茝惠（蕙）連（蘭）房（芳）（簡35）

茝，原釋文作芷。按：该字作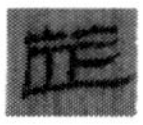，與里耶秦簡8-2101“茝”字作，形同，字即“茝”字。《玉篇・艸部》：“茝，香草也。”《廣韵・止韵》：“茝，香草。”《楚辭・離騷》：“雜申椒與菌桂兮，豈維紉夫蕙茝？”王逸注：“蕙、茝皆香草也。”蕙、茝二香草并言。《史記・禮書》“椒蘭芬茝，所以養鼻也”，蘭、茝並列。《漢書・禮樂志》：“被華文，廁霧縠，曳阿錫，佩珠玉。俠嘉夜，茝蘭芳，澹容與，獻嘉觴。”提及“茝蘭芳”。《後漢書・班固列傳》：“茝若椒風，披香發越。蘭林蕙草，鴛鸞飛翔之列。”提及茝、蘭、蕙。

7. 魋顴　簡40

顴，原隸定作“獾”，讀作“顴”，按：所讀可從，字的隸定還可微調。該字作，右下還從“又”。

8. 虞士雖不宵（肖），願以自教也（簡43-44）

自教，讀作自效。《漢書·蘇建傳》：“武父子亡功德，皆爲陛下所成就，位列將，爵通侯，兄弟親近，常願肝腦塗地。今得殺身自效，雖蒙斧鉞湯鑊，誠甘樂之。”《後漢書·岑彭列傳》：“彭幸蒙司徒公所見全濟，未有報德，旋被禍難，永恨於心。今復遭遇，願出身自效。”皆是其例。自效，也作自効。《漢書·蕭望之傳》：“是以天下之士延頸企踵，爭願自効，以輔高明。”

9. 日短歲船（簡69）

“歲”下一字，原釋文作昭，按：該字作，字左從爲舟，即船字。“船”在文中與“短”相對爲文，疑訓作“長”，又分別與日、歲等時間詞有關，“船”似指時間長。

“船”所从舟、召似都可看作聲符。字如以舟爲聲，讀作“壽”。古文字從舟之字與從壽之字有通假的例子，如《書·無逸》：“民無或胥譸张爲幻。”《釋文》：“譸，《爾雅》及《詩》作侜。”《爾雅·釋訓》郭璞注引譸作侜[①]。“船”疑可讀作“壽”。《說文》：“壽，久也。”《詩·小雅·天保》：“如月之恒，如日之升，如南山之壽。”此處作“日短歲船（壽）”，即一日很短，一歲很長。不過用“壽”來表示一歲很長。不過“壽”應該表示一個在時間上很長久、沒有期限的概念，比一歲更長久的，此處把“壽”與歲關聯，并無文例，從情理看，似也略有些過了。

字也有可能以“召”爲聲，讀作迢，《說文新附》：“迢，迢遰也。从辵，召聲。”《文選·佚名〈古詩十九首〉》：“迢迢牽牛星。”呂延濟注：“迢迢，遠皃。”迢，似可訓作遠。不過用例稍嫌晚。

附記：本節內容見於何有祖：《讀北大簡《妄稽》條記（一）》（簡帛網，2016年6月5日），修改後收入《讀北大簡〈妄稽〉札記》，荊州博物館：《荊楚文物》第3輯，2017年。

① 高亨纂著、董治安整理：《古字通假會典》，齊魯書社，1989年，第781頁。

本書所收成果出處*

一、刊物文章

［1］《張家山漢簡〈脉書〉、〈算數書〉札記》，《江漢考古》2007年第2期。

［2］《張家山漢簡〈奏讞書〉第十八案例解題》，《中國出土資料研究》第11號，（日本）中國出土資料學會，2007年。

［3］《天長漢墓所見書信牘管窺》，武漢大學簡帛研究中心：《簡帛》第3輯，上海古籍出版社，2008年。

［4］《廣州南越國宮署遺址出土西漢木簡考釋》，《考古》2010年第1期。

［5］《睡虎地77號西漢墓出土簡牘札記》，《簡帛》第5輯，上海古籍出版社，2010年。

［6］《張家山漢簡校讀三則》，《出土文獻研究》第十輯，中華書局，2011年。

［7］《孔家坡漢簡叢考》，《中國國家博物館館刊》2012年第12期。

［8］《釋秦漢簡牘所見"利津隧"》，《出土文獻研究》第十二輯，中西書局，2013年。

［9］《嶽麓書院藏秦簡校讀二則》，《簡帛研究（二〇一二）》，廣西師範大學出版社，2013年。

［10］《讀秦漢簡札記二則》，《中國文字研究》第24輯，上海書店出版社，2016年。

［11］《讀安徽天長市紀莊漢墓書信牘札記（二則）》，《楚學論叢》第6輯，湖北人民出版社，2017年。

［12］《讀〈居延漢簡（壹）〉札記（三則）》，《出土文獻研究》第十六輯，中西書局，2017年。

［13］《讀帛書〈春秋事語〉札記二則》，《戰國文字研究的回顧與展望》，中西書局，2017年。

［14］《讀北大簡〈妄稽〉札記》，《荊楚文物》第3輯，科學出版社，2018年。

---

* 作者署名皆爲何有祖。

[15] 《讀〈長沙尚德街東漢簡牘〉札記》，《楚學論叢》第7輯，湖北人民出版社，2018年。
[16] 《再論秦漢“棄市”的行刑方式》，《社會科學》2018年第11期。
[17] 《釋張家山漢簡〈津關令〉490—491號簡並論相關問題》，《出土文獻》第12輯，中西書局，2018年。
[18] 《張家山漢簡〈津關令〉考釋（二則）》，《簡帛研究（二〇一八春夏卷）》，廣西師范大學出版社，2018年。
[19] 《張家山漢簡〈二年律令〉考釋（三則）》，《出土文獻研究》第十七輯，中西書局，2018年。
[20] 《荊州高臺M46西漢木牘解讀》，《江漢考古》2019年第2期。
[21] 《讀〈肩水金關漢簡（三）〉札記》，《古籍新詮》，香港中文大學中國語言及文學系，2019年。

二、網絡文章

[1] 《張家山漢簡釋文與注釋商補》，簡帛研究網，2004年12月26日。
[2] 《張家山漢簡〈奏讞書〉所見復獄簿研究》，簡帛網，2006年9月9日。
[3] 《也說孔家坡漢簡〈日書〉所見歲名》，簡帛網，2006年10月10日。
[4] 《略談〈二年律令〉幾處拼接上的問題》，簡帛網，2006年11月19日。
[5] 《安徽天長西漢墓所見西漢木牘管窺》，簡帛網，2006年12月19日。
[6] 《新出南越國西漢木簡管窺》，簡帛網，2006年12月30日。
[7] 《孔家坡日書簡所見“雞血社”淺論》，簡帛網，2007年7月4日。
[8] 《〈二年律令〉512號簡所補殘片小議》，簡帛網，2007年9月11日。
[9] 《睡虎地77號西漢墓出土簡牘札記》，簡帛網，2010年1月22日。
[10] 《嶽麓書院藏秦簡〈爲吏、治官及黔首〉補札》，簡帛網，2010年1月23日。
[11] 《〈二年律令〉札記一則》，簡帛網，2010年9月20日。
[12] 《嶽麓書院藏秦簡〈奏讞書〉1650號簡略考》，簡帛網，2010年9月27日。
[13] 《張家山漢簡〈具律〉綴合一則》，簡帛網，2010年10月4日。
[14] 《嶽麓秦簡〈爲吏治官及黔首〉補釋二則》，簡帛網，2011年4月9日。
[15] 《嶽麓簡〈爲吏治官及黔首〉札記一則》，簡帛網，2011年4月11日。
[16] 《天長漢墓所見書信牘補釋一則》，簡帛網，2011年4月29日。
[17] 《釋張家山漢簡〈二年律令·田律〉“利津隧”》，簡帛網，2011年11月17日。

[18]　《荊州高臺46號西漢墓木牘校讀記》，簡帛網，2014年11月10日。

[19]　《釋〈春秋事語〉“殺里克”章的“責”字》，簡帛網，2015年10月1日。

[20]　《帛書〈春秋事語〉“燕大夫”章補說》，簡帛網，2015年10月2日。

[21]　《北大秦簡〈魯久次問數于陳起〉補釋二則》，簡帛網，2015年11月2日。

[22]　《南昌西漢墓所出漆器銘補釋》，簡帛網，2015年11月6日。

[23]　《〈秦二世元年十月甲午詔書〉補釋》，簡帛網，2015年11月24日。

[24]　《讀肩水金關漢簡札記（一則）》，簡帛網，2016年1月9日。

[25]　《讀肩水金關漢簡札記（二則）》，簡帛網，2016年1月11日。

[26]　《讀肩水金關漢簡札記（三則）》，簡帛網，2016年1月12日。

[27]　《讀肩水金關漢簡札記（四則）》，簡帛網，2016年1月14日。

[28]　《讀〈肩水金關漢簡（叁）〉札記（一）》，簡帛網，2016年1月19日。

[29]　《讀〈肩水金關漢簡（叁）〉札記（二）》，簡帛網，2016年1月20日。

[30]　《讀嶽麓秦簡肆札記（一）》，簡帛網，2016年3月24日。

[31]　《讀嶽麓秦簡肆札記（二）》，簡帛網，2016年3月25日。

[32]　《利用嶽麓秦簡校釋〈二年律令〉一則》，簡帛網，2016年3月26日。

[33]　《北京大學藏秦代傭作文書木牘W-014補說》，簡帛網，2016年3月27日。

[34]　《讀北大簡〈妄稽〉條記（一）》，簡帛網，2016年6月5日。

[35]　《讀秦漢簡札記（二則）》，簡帛網，2017年1月3日。

[36]　《〈嶽麓書院藏秦簡（伍）〉讀記（二）》，簡帛網，2018年3月10日。

[37]　《〈嶽麓書院藏秦簡（伍）〉讀記（一）》，簡帛網，2018年3月10日。

[38]　《據嶽麓伍釋張家山漢簡〈奏讞書〉210—211號簡》，簡帛網，2018年3月11日。

參考文獻

B

白于藍：《〈包山楚簡文字編〉校訂》，《中國文字》新廿五期，藝文印書館，1999年。

北京大學出土文獻研究所編：《北京大學藏西漢竹書（叁）》，上海古籍出版社，2015年。

北京大學出土文獻研究所：《北京大學藏秦簡牘概述》，《文物》2012年第6期。

班固撰、顏師古注：《漢書》，中華書局，2006年。

C

蔡萬進：《張家山漢簡〈奏讞書〉研究》，廣西師范大學出版社，2006年。

曹旅寧：《從天水放馬灘秦簡看秦代的棄市》，《廣東社會科學》2000年第 5 期。

曹旅寧：《南越國宮署所出宮室果木看守簡試釋》，簡帛網，2007年5月19日。

曹旅寧：《嶽麓書院新藏秦簡叢考》，《華東政法大學學報》2009年第6期。

曹旅寧：《湖南益陽兔子山九號井秦簡所見一條秦代“棄市”資料》，簡帛網，2016年10月29日。

曹旅寧：《嶽麓秦簡中一條關於“妖言”的秦律令》，簡帛網，2016年12月11日。

長沙市文物考古研究所編：《長沙尚德街東漢簡牘》，嶽麓書社，2016年。

陳迪、胡廣平：《秦律死刑方式淺窺——以睡虎地秦簡資料爲考察中心》，《山西省政法管理幹部學院學報》2013 年第 4 期。

陳劍：《戰國竹書論集》，上海古籍出版社，2013年。

陳侃理：《秦簡牘復生故事與移風易俗》，《簡帛》第8輯，上海古籍出版社，2013年。

陳侃理：《北京大學藏秦代傭作文書初釋》，《出土文獻研究》第十四輯，中西書局，2015年。

陳夢家：《漢簡綴述》，中華書局，1980年。
陳世輝、湯餘惠：《古文字學概要》，吉林大學出版社，1988年。
陳斯鵬：《張家山漢簡〈引書〉釋文注釋商補》，http://www.jianbo.org/Wssf/2002/chensipeng02.htm。
陳松長：《馬王堆簡帛文字編》，文物出版社，2001年。
陳松長：《帛書〈出行占〉中的幾個時稱概念略考》，簡帛網，2005年11月21日。
陳松長：《嶽麓書院所藏秦簡綜述》，《文物》2009年第3期。
陳松長主編：《嶽麓書院藏秦簡（肆）》，上海辭書出版社，2015年。
陳松長主編：《嶽麓書院藏秦簡（伍）》，上海辭書出版社，2017年。
陳偉：《張家山漢簡〈津關令〉涉馬諸令研究》，《考古學報》2003年第1期。
陳偉：《張家山漢簡雜識》，《語言文字學研究》，中國社會科學出版社，2005年。
陳偉：《張家山漢簡〈津關令〉"越塞闌關"諸令考釋》，《簡帛研究（二〇〇六）》，廣西師範大學出版社，2008年。
陳偉：《嶽麓書院秦簡考校》，《文物》2009年第10期。
陳偉：《〈爲吏治官及黔首〉1531、0072號簡試讀》，簡帛網，2010年1月22日。
陳偉主編，何有祖、魯家亮、凡國棟撰著：《里耶秦簡牘校釋》（第一卷），武漢大學出版社，2012年。
陳偉：《里耶秦簡所見秦代行政與算術》，簡帛網，2014年2月4日。
陳偉：《〈秦二世元年十月甲午詔書〉校讀》，簡帛網，2015年6月14日。
程樹德：《九朝律考》，中華書局，1988年。

D

大庭脩：《秦漢法制史研究》，上海人民出版社，1991年。
董珊：《簡帛文獻考釋論叢》，上海古籍出版社，2014年。

F

范常喜：《荊州高臺46號西漢墓木牘短札一則》，簡帛網，2014年11月10日。
范曄撰、李賢等注：《後漢書》，中華書局，2006年。
方勇：《讀放馬灘秦簡〈志怪故事〉札記（一）》，簡帛網，2009年11月6日。
冨谷至著、周東平譯：《從終極的肉刑到生命刑——漢至唐死刑考》，范忠信，陳景良主編：《中西法律傳統》第七卷，北京大學出版社，2009年。

G

甘肅簡牘博物館等編：《肩水金關漢簡（叁）》，中西書局，2013年。
甘肅簡牘博物馆等編：《肩水金關漢簡（肆）》，中西書局，2015年。
高亨纂著，董治安整理：《古字通假會典》，齊魯書社，1989年。
高大倫：《張家山漢簡〈引書〉研究》，巴蜀書社，1995年。
廣州市文物考古研究所、中國社會科學院考古研究所、南越王宮博物館籌建處：《廣州市南越國宮署遺址西漢木簡發掘簡報》，《考古》2006年第3期。
國家文物局古文獻研究室編：《馬王堆漢墓帛書（一）》，文物出版社，1980年。
郭慶藩撰、王孝魚點校：《莊子集釋》下册，中華書局，2012年。
郭永秉：《張家山漢簡〈二年律令〉釋文校讀記》，復旦大學出土文獻與古文字研究中心網站，2008年4月4日，收入郭永秉：《張家山漢簡〈二年律令〉和〈奏讞書〉釋文校讀記》，《語言研究集刊》第6輯，上海辭書出版社，2009年。
郭永秉：《古文字與古文獻論集》，上海古籍出版社，2011年。

H

韓巍：《北大藏秦簡〈魯久次問數于陳起〉初讀》，《北京大學學報（哲學社會科學版）》2015年第2期。
漢語大字典字形組編：《秦漢魏晉篆隸字形表》，四川辭書出版社，1985年。
何琳儀：《戰國古文字典》，中華書局，1998年。
何有祖：《上博五〈三德〉試讀（二）》，簡帛網，2006年2月21日。
何有祖：《里耶秦簡牘綴合（六則）》，簡帛網，2012年12月23日。
何有祖：《里耶秦簡牘綴合（四則）》，簡帛網，2013年10月4日。
何有祖：《讀里耶秦簡札記（一）》，簡帛網，2015年6月17日。
湖北省文物考古研究所、隨州市考古隊編著：《隨州孔家坡漢墓簡牘》，文物出版社，2006年。
湖北省文物考古研究所、隨州市曾都區考古隊：《湖北隨州市周家寨墓地M8發掘簡報》，《考古》2017年第8期。
湖南省博物館、湖南省文物考古所：《長沙馬王堆二、三號漢墓》，文物出版社，2004年。
湖南省文物考古研究所、益陽市文物管理處：《湖南益陽兔子山遺址九號井發掘報告》，《湖南考古輯刊》第12集，科學出版社，2016年。
湖南省文物考古研究所、益陽市文物管理處：《湖南益陽兔子山遺址九號井發掘簡報》，《文物》2016 年第5 期。
湖南省文物考古研究所編著：《里耶秦簡（貳）》，文物出版社，2017年。
胡平生、張德芳編撰：《敦煌懸泉漢簡釋粹》，上海古籍出版社，2001年。
胡平生、李天虹：《長江流域出土簡牘與研究》，湖北教育出版社，2004年。
胡平生：《謝家橋漢簡〈告地書〉釋解》，簡帛網，2009年4月15日。
胡平生：《胡平生簡牘文物論稿》，中西書局，2012年。
黄盛璋：《青川新出秦田律木牘及其相關問題》，《文物》1982年第9期。
黄盛璋：《雲夢龍崗6號秦墓木牘與告地策》，《中國文物報》1996年7月14日。

J

紀南城鳳凰山一六八號漢墓發掘整理組：《湖北江陵鳳凰山一六八號漢墓發掘簡報》，《文物》1975年第9期。
紀南城鳳凰山一六七號漢墓發掘整理小組：《江陵鳳凰山167號漢墓發掘簡報》，《文物》1976年第10期。
季旭昇：《上海博物館藏戰國楚竹書（三）讀本》，萬卷樓圖書股份有限公司，2005年。
賈誼撰，閻振益、鐘夏校注：《新書校注》，中華書局，2000年。
簡牘整理小組，《居延漢簡（壹）》，“中央研究院”歷史語言研究所，2014年。
姜守誠：《北大秦牘〈泰原有死者〉考釋》，《中華文史論叢》2014年第3期，第143 ~ 178、393 ~ 394頁。
金立：《江陵鳳凰山八號漢墓竹簡試釋》，《文物》1976年第6期。
荊州博物館、武漢大學簡帛研究中心、早稻田大學長江流域文化研究所（何有祖執筆）：《張家山漢簡〈二年律令〉釋文校訂》，《中國文字》新三十二期，藝文印書館，2006年。
荊州博物館：《荊州高臺墓地M46發掘簡報》，《江漢考古》2014年第5期。
堀毅：《秦漢法律史論考》，法律出版社，1988年。

L

雷海龍：《〈長沙尚德街東漢簡牘〉釋文商補》，簡帛網，2017年3月3日。

李零：《釋“利津䱾”和戰國人名中的和字》，《出土文獻研究續集》，文物出版社，1989年。

李零：《北大秦牘〈泰原有死者〉簡介》，《文物》2012年第6期。

李洪財：《〈長沙尚德街東漢簡牘〉補釋》，簡帛網，2017年2月23日。

李均明：《漢簡所反映的關津制度》，《歷史研究》2002年第3期。

李天虹：《漢簡“致籍”考辨——讀張家山漢簡〈津關令〉札記》，《文史》2004年第2期。

李學勤：《青川郝家坪木牘研究》，《文物》1982年第10期。

張家山漢墓竹簡整理小组：《江陵張家山漢簡概述》，《文物》1985年第1期。

李學勤：《論張家山247號墓漢律竹簡》，大庭脩編：《92年漢簡研究國際討論會報告書·漢簡研究的現狀與展望》，關西大學出版部，1993年。

李昭和：《青川出土木牘文字簡考》，《文物》1982年第1期。

廖秋菊：《北京大學藏秦簡牘已刊六篇集釋》，武漢大學碩士學位論文，2018年5月（宋華强副教授指導）。

劉大雄：《說周家寨日書〈入官〉篇的“債”字》，簡帛網，2017年10月30日。

劉洪濤：《釋青川木牘〈田律〉的“利津關”》，簡帛網，2008年3月29日。

劉國勝：《謝家橋一號漢墓〈告地書〉牘的初步考察》，簡帛網，2009年4月11日，后刊發於《江汉考古》2009年第3期。

劉海年：《秦漢刑罰考析》，《雲夢秦簡研究》，中華書局，1981年。

劉嬌：《居延漢簡所見六藝諸子類資料》，“第二屆古文字學青年論壇”，“中央研究院”歷史語言研究所，2016年1月28～29日。

劉樂賢：《簡帛數術文獻探論》，湖北教育出版社，2003年。

劉樂賢：《孔家坡漢簡〈日書〉“司歲”補釋》，簡帛網，2006年10月10日。

劉樂賢：《戰國秦漢簡帛叢考》，文物出版社，2010年。

劉信芳：《包山楚簡解詁》，藝文印書館，2003年。

劉向編著、石光瑛校釋、陳新整理：《新序校釋》，中華書局，2001年。

劉釗：《包山楚簡文字考釋》，《東方文化》1998年第1～2期。

劉釗：《〈張家山漢墓竹簡〉釋文注釋商榷（一）》，簡帛研究網站，2002年10月18日，修改後发表于《古籍整理研究學刊》2003年第3期。

林澐：《新版〈金文編〉正文部分釋字商榷》，中國古文字學會第八屆年會提交論文，1990年，第5頁。
魯家亮：《〈津關令〉集釋》（稿本），2005年。

M

馬承源主編：《上海博物館藏戰國楚竹書（五）》，上海古籍出版社，2005年。

N

南越王宮博物館編：《南越國宮署遺址》，廣東人民出版社，2010年。

P

彭浩：《談〈奏讞書〉中的秦代和東周時期的案例》，《文物》1995年第3期。
彭浩：《張家山漢簡〈算數書〉注釋》，科學出版社，2001年。
彭浩、陳偉、工藤元男主編：《二年律令與奏讞書》，上海古籍出版社，2007年。
駢宇騫編著：《銀雀山漢簡文字編》，文物出版社，2001年。

Q

裘錫圭：《古文字論集》，中華書局，1992年。
裘錫圭：《釋尌》，《龍宇純先生七秩晉五壽慶論文集》，學生書局，2002年，第189～194頁。
裘錫圭：《裘錫圭學術文集》，復旦大學出版社，2012年。
裘錫圭主編：《長沙馬王堆漢墓簡帛集成》，中華書局，2014年。

S

沈家本：《歷代刑法考》，中華書局，1985年。
睡虎地秦墓竹簡整理小組編：《睡虎地秦墓竹簡》，文物出版社，1990年。
司馬遷撰、裴駰集解、司馬貞索隱、張守節正義：《史記》，中華書局，2013年。

孫家洲：《兔子山遺址出土〈秦二世元年文書〉與〈史記〉紀事抵牾釋解》，《湖南大學學報》（社會科學版）2015年第3期，第17～20頁。
孫機：《漢代物質文化資料圖說》，文物出版社，1991年。
宋杰：《漢代“棄市”與“殊死”辨析》，《中國史研究》2015 年第3期。

T

陶安、陳劍：《〈奏讞書〉校讀札記》，復旦大學出土文獻與古文字研究中心編：《出土文獻與古文字研究》第4輯，上海古籍出版社，2011年。
天長市文物管理所、天長市博物館：《安徽天長西漢墓發掘簡報》，《文物》2006年第11期。
田天：《北大藏秦簡〈祠祝之道〉初探》，《北京大學學報》（哲學社會科學版）2015年第2期。
田天：《秦漢國家祭祀史稿》，生活·讀書·新知三聯書店，2015年。
田天：《北大藏秦簡〈醫方雜抄〉初識》，《北京大學學报》（哲學社会科學版）2017年第5期，第52—57頁。
田宜超、劉釗：《秦田律考釋》，《考古》1983年第6期。

W

吳方基、吳昊：《釋秦二世胡亥“奉召登基”的官府文告》，簡帛網，2014年5月27日。
武漢大學簡帛研究中心、湖北省博物館、湖北省文物考古研究所編，陳偉主編：《秦簡牘合集（壹）》，武漢大學出版社，2014年。
鄔文玲：《漢初“禁物”略考》，《出土文獻研究》第六輯，上海古籍出版社，2004年。
鄔文玲：《張家山漢簡〈二年律令〉釋文補遺》，《簡帛研究（二〇〇四）》，廣西師范大學出版社，2006年。
聞宥：《四川漢代畫象選集》，群聯出版社，1955年。
王寧：《北大秦簡〈祠祝之道〉補箋》，復旦大學出土文獻與古文字研究中心網，2017年9月30日。
王仁湘：《中國古代進食具匕箸叉研究》，《考古學報》1990年第3期。
王偉：《張家山漢簡〈二年律令〉編聯初探》，簡帛研究網，2003年12月21日。

王偉：《嶽麓書院藏秦簡所見秦郡名稱補正》，《考古與文物》2010年第5期。
王偉：《懸泉漢簡札記一則》，《敦煌研究》2012年第3期。
王子今：《張家山漢簡〈二年律令〉所見鹽政史料》，《文史》2002年第4期。
王子今、劉華祝：《說張家山漢簡〈二年律令·津關令〉所見五關》，《中國歷史文物》2003年第1期。

X

謝桂華、李均明、朱國炤：《居延漢簡釋文合校》，文物出版社，1987年。
謝桂華：《張家山漢墓竹簡［二四七號墓］校讀舉例》，《簡帛研究（二〇〇二、二〇〇三）》，廣西師范大學出版社，2005年。
熊北生：《云夢睡虎地77號西漢墓出土簡牘的清理與編聯》，《出土文獻研究》第九輯，中華書局，2010年。
許名瑲：《〈里耶秦簡（壹）〉曆日校注補正》，簡帛網，2013年9月7日。
許慎：《說文解字》，中華書局，1963年。
許維遹：《吕氏春秋集釋》，中華書局，2018年。
禤健聰：《上博簡（三）小札》，簡帛研究網，2004年5月12日。

Y

姚磊：《北大藏漢簡〈趙正書〉釋文補正》，《古籍整理研究學刊》2016年第1期，第1～8頁。
顏世鉉：《〈居延漢簡（壹）〉綴合補遺》，簡帛網，2015年1月26日。
揚州博物館、邗江縣圖書館：《江蘇邗江胡場五號漢墓》，《文物》1981年第11期。
楊芬：《出土秦漢私信匯校集注》，武漢大學博士論文，2010年。
楊華：《先秦血祭禮儀研究——中國古代用血制度研究之一》，《世界宗教研究》2003年第3期，第22～33頁。
楊華：《新蔡簡祭禱禮制雜疏》，《中國簡帛學國際論壇2006》，2006年11月8日～11月10日。
楊建：《張家山漢簡〈二年律令·津關令〉簡釋》，《楚地出土簡帛文獻思想研究（一）》，湖北教育出版社，2002年。
楊建：《西漢初期津關制度研究》，上海古籍出版社，2010年。

于豪亮：《釋青川秦墓木牘》，《文物》1982年第1期。
雍淑鳳：《北大藏秦牘〈泰原有死者〉斷句、語譯、闡釋商榷》，《古籍研究》2017年第1期。

Z

臧知非《張家山漢簡所見漢初馬政及相關問題》，《史林》2004年第6期。
張家山漢簡研讀班：《張家山漢簡〈二年律令〉校讀記》，《簡帛研究（二〇〇二、二〇〇三）》，廣西師范大學出版社，2005年。
張家山漢簡研讀班：《張家山漢簡〈二年律令〉校讀記（上）》，簡帛研究網，2003年4月14日，http://www.jianbo.org/Wssf/2003/zhangjiashan01.htm。
張家山二四七號墓竹簡整理小組：《張家山漢墓竹簡［二四七號墓］》，文物出版社，2001年。
張家山二四七號漢墓竹簡整理小組編：《張家山漢墓竹簡［二四七號墓］（釋文修訂本）》，文物出版社，2006年。
張建國：《秦漢棄市非斬刑辨》，《北京大學學報》（哲學社會科學版）1996 年第5期。
張建國：《關於漢簡〈奏讞書〉的幾點研究及其他》，《國學研究》（第四卷），北京大學出版社，1997年。
張俊民：《江陵高臺18號墓木牘釋文淺析》，《簡帛研究（二〇〇一）》，廣西師範大學出版社，2001年。
張俊民：《南越國木簡090釋文再讀》，簡帛網，2007年5月30日。
鄭良樹：《〈春秋事語〉校釋》，收入鄭良樹：《竹簡帛書論文集》，中華書局，1982年。
中國文化遺産研究院：《出土文獻研究》第九輯，中華書局，2010年。
周波：《〈二年律令〉錢、田、□市、賜、金布、秩律諸篇集釋》，武漢大學碩士論文，2005年。
周海鋒：《〈長沙尚德街東漢簡牘〉校讀記（一）》，簡帛網2017年2月22日。
周振鶴：《西漢政區地理》，人民出版社，1987年。
鐘意：《〈嶽麓書院藏秦簡（叁）〉第二類至第五類集釋》，武漢大學碩士論文，2014年。
朱漢民、陳松長主編：《嶽麓書院藏秦簡（壹）》，上海辭書出版社，2010年。

朱漢民、陳松長主編：《嶽麓書院藏秦簡（貳）》，上海辭書出版社，2011年。
朱漢民、陳松長主編：《嶽麓書院藏秦簡（叁）》，上海辭書出版社，2013年。
朱鳳瀚：《北大藏秦簡〈教女〉初識》，《北京大學學報》（哲學社會科學版）2015年第2期。
宗福邦、陳世鐃、蕭海波主編：《故訓匯纂》，商務印書館，2003年。

後　記

自2004年12月撰寫《張家山漢簡釋文與注釋商補》一文①，我開始涉足秦漢簡，至今已有17個年頭。斷斷續續對10多批秦漢簡提出過自己的看法。近年同好聚會常催促把這些散見的文章结集出版，我自己也想駐足反思，對這10多年的求學、治學生涯稍作總結，故有此書。

我在武漢大學歷史學院學習古文字、出土文獻，先後受到李天虹、陳偉二位恩師的費心指導。我所寫文章頗有錯漏，給二位恩師帶來不少煩擾，現在想起來自是無比慚愧，時常警醒須認真不苟且。小書所收文章如有錯漏之處，其咎在我，如有可取之處，大多因想著他們的要求與期望！

小書所收文章有一些曾得到過李天虹老師、陳偉老師、彭浩先生、劉國勝先生、宋華强先生、魯家亮先生、徐世虹先生、陳劍先生、郭永秉先生、劉洪濤先生、伊强先生、高一致先生、謝坤先生、黃浩波先生、雷海龍先生的幫助、指教。小書在編輯的過程中先後得到吳紀寧、魏振龍、邱洋、高婷婷、吳桑、李林澤、劉盼等同學的幫助。謹在此一並表示深深的謝意！

小書所收諸文承蒙《考古》、《江漢考古》、《文獻》、《簡帛》、《簡帛研究》、《出土文獻》、《出土文獻研究》、《中國國家博物館館刊》、《中國文字研究》、簡帛研究網、簡帛網等刊物、網站不以为鄙陋而收錄發布，並提供寶貴修改意見，深表謝意！

小書的順利出版，還要特別感謝國家社會科學基金、武漢大學人文社會科學院、武漢大學歷史學院及李天虹老師的支持，沒有他們的幫助，個人出資出版是難以想像的。科學出版社編輯王光明先生、郝莎莎女士幫我審看書稿，爲書稿的出版費心費力，深表謝意！

在武大求學、工作期間還很幸運得到王然、陳冰白、余西云、郭齊勇、羅運環、徐少華、楊華、晏昌貴、劉國勝、丁四新、賀世偉等忠厚師長的耐心指導與熱忱幫助！

---

① 何有祖：《張家山漢簡釋文與注釋商補》，簡帛研究網，2004年12月26日:http://www.jianbo.org/admin3/html/heyouzhu07.htm。

這些年學習、工作的順利，與我父母、哥嫂的支持、鼓励是分不開的！我還很幸運得到岳父母的真誠相待、幫助！尤其是愛人梁靜的支持讓我能保持心境平和，她一直耐心帶著小愷，還要兼顧繁重的教學任務，默默爲小書的形成貢獻著心力！